COSMOGRAPHIE

TRÈS-ÉLÉMENTAIRE ET PUREMENT DESCRIPTIVE

COSMOGRAPHIE

TRÈS-ÉLÉMENTAIRE

ET PUREMENT DESCRIPTIVE

(EN CENT PAGES)

Rédigée d'après le programme de l'arrêté ministériel du 3 décembre 1863 ;

A L'USAGE

DES ÉLÈVES DES LYCÉES ET COLLÉGES (RHÉTORIQUE LITTÉRAIRE),
DES ÉCOLES PROFESSIONNELLES (QUATRIÈME ANNÉE),
ET DES GENS DU MONDE ;

PAR

M. AUDOYNAUD,

PROFESSEUR AU LYCÉE DE POITIERS.

PARIS

LIBRAIRIE DE L. HACHETTE ET Cie,
Boulevard Saint-Germain, n° 77.

1864.

PRÉFACE.

J'ai rédigé ce livre en suivant pas à pas, énonçant même en marge les questions du nouveau programme qui vient d'être prescrit pour l'enseignement de la cosmographie dans la classe de rhétorique (section des lettres) et dans les cours de quatrième année des écoles professionnelles.

En écrivant ce petit ouvrage, ma préoccupation constante a été d'y apporter à la fois simplicité et rigueur.

Cette rapide exposition des phénomènes célestes, *essentiellement descriptive,* n'est pas uniquement destinée à l'instruction de la jeunesse ; elle convient aussi aux personnes peu versées dans l'étude des mathématiques. Les hommes du monde qui pourront consacrer quelques heures à lire ces cent pages seront, j'en suis convaincu, heureux et étonnés d'être si facilement initiés à une science qu'ils supposaient toute hérissée de calculs inabordables.

TABLE DES MATIÈRES.

—

PROGRAMME DU COURS DE COSMOGRAPHIE
DE RHÉTORIQUE (*section des lettres*).

—

ERRATA.

—

1ᵒ A la 18ᵉ ligne de la page 34, il faut lire :

$$\text{D'où } \frac{x'}{24^{\text{h}}} = \frac{\sigma''S''}{\sigma''S''+\sigma S} \text{ ou } x' = \frac{24^{\text{h}} \times \sigma''S''}{\sigma''S''+\sigma S}.$$

2ᵒ A la dernière ligne de la page 37, au lieu de
STSᵥ, lisez : SᴵᵛTSᵥ.

COSMOGRAPHIE.

I.

ÉTOILES.

L'univers offre à l'homme intelligent le spectacle le plus imposant. Si l'immensité du monde, la sublime harmonie des corps qui le composent nous donnent une juste idée de notre faiblesse et de notre vanité, elles nous font aussi comprendre la puissance infinie du Créateur ; elles élèvent notre âme vers lui et la remplissent de reconnaissance et d'admiration.

Pendant une belle soirée d'été, quand les derniers rayons du soleil viennent de dorer l'horizon, jetons les yeux sur le ciel pur ; de brillantes étoiles apparaîtront d'abord à l'Orient, et bientôt tout le firmament en sera couvert.

Examinons alors cette voûte étincelante, et nous ne tarderons pas à reconnaître que les astres se déplacent sur elle avec des vitesses inégales. Un seul est sensiblement fixe, les autres paraissent tourner autour de lui. Les plus voisins de l'étoile immobile sont toujours visibles (1); mais ceux qui en sont suffisamment éloignés semblent sortir du sein de la terre ; ils s'élèvent obliquement au-dessus de l'horizon, redescendent et vont s'engloutir dans l'Océan. Chaque nuit, l'aspect du ciel présente les mêmes apparences ; les astres y conservent les

Premières apparences que présente l'aspect du ciel.

(1) Ils le seraient même pendant le jour, s'ils n'étaient éclipsés par les rayons éblouissants du soleil.

mêmes positions respectives ; ils se lèvent et se couchent aux mêmes points de l'horizon, parcourent les mêmes trajectoires avec une immuable régularité.

Aussi le mouvement diurne s'explique-t-il facilement, en supposant, comme le croyaient les anciens, les étoiles invariablement fixées à une immense sphère de cristal dont le centre serait la terre.

Cette sphère (1) céleste, le huitième (2) ciel solide d'Aristote, aurait un mouvement de rotation autour de l'un de ses diamètres, l'axe du monde PP′. Les deux extrémités de cet axe, le pôle nord, boréal ou arctique P, le pôle sud, austral ou antarctique P′, seraient donc immobiles, et les étoiles décriraient des cercles AA′, BB′, DD′, FF′..., dont les plans seraient perpendiculaires à PP′.

L'horizon (3) d'un lieu de la terre, Paris, par

(1) Les étoiles paraissent tapisser une sphère, parce que, ne pouvant estimer à l'œil (et même par le calcul) leurs immenses distances à la terre, nous les supposons toutes également éloignées de nous.

(2) Les anciens avaient imaginé sept autres cieux solides intérieurs au précédent, et sur lesquels étaient cloués le soleil, la lune et les planètes : Mercure, Vénus, Mars, Jupiter et Saturne. Ils parvenaient ainsi à expliquer assez bien les divers mouvements de ces corps.

(3) L'horizon sensible d'un lieu est le plan tangent à la terre mené par le pied de l'observateur ; l'horizon rationnel est le plan qui lui est mené parallèlement par le centre de la terre. Les deux horizons se confondent, c'est-à-dire que *le rayon de la terre s'annule*, quand il est comparé aux distances qui nous séparent des étoiles ou au rayon de la sphère céleste. Une perpendiculaire menée par l'observateur à l'un quelconque des deux horizons est la verticale du lieu ; les points Z, N, où elle perce la sphère céleste, sont le zénith et le nadir.

exemple, est-il HH' ? On y verra des étoiles parcourir leur cercle entier AA' : on les appelle circumpolaires ; l'une d'elles paraîtra même presque immobile , tant elle est voisine du pôle (1° 28') : c'est l'étoile polaire ; les autres ne décriront qu'un arc plus ou moins grand ; l'étoile ε se lèvera en L, montera jusqu'en B, où elle atteindra son point culminant ; elle sera alors dans le plan passant par la ligne des pôles TP et la verticale TZ de l'observateur, et que l'on nomme plan méridien ; puis elle suivra l'arc BC, et, arrivée en C, elle se couchera ; elle disparaîtra sous l'horizon, où elle parcourra l'arc CB'L. La figure montre suffisamment que les arcs décrits par les étoiles au-dessus de l'horizon sont d'autant plus petits, qu'elles sont plus éloignées du pôle nord ; celles même qui décrivent des circonférences, telles que FF', sont toujours invisibles.

Étoiles circumpolaires.

Étoile polaire.

Plan méridien.

Le plan méridien coupe l'horizon suivant la droite HH' ; c'est la méridienne du lieu ; le point H, le plus voisin du pôle boréal, est le point nord ; H' est le point sud ; les extrémités de la perpendiculaire EO menée à la méridienne par le centre T de la sphère sont les points Est et Ouest. Ces quatre points s'appellent points cardinaux (1).

Méridienne.

Points cardinaux.

L'arc PH du méridien est la hauteur du pôle au-dessus de l'horizon du lieu. Cette hauteur, à Paris, est de 48° 50' 13".

Hauteur du pôle à Paris.

Le plan Eq E'q' perpendiculaire à l'axe PP', et passant par le centre de la sphère, est l'équateur céleste ; les autres cercles décrits par les étoiles lui sont parallèles : on les nomme des parallèles.

Équateur.

Parallèles.

On démontre que la sphère céleste a un mouve-

(1) Les marins de la Méditerranée appellent ces points : levante, ostro, ponente, tramontana (est, sud, ouest, nord). De là l'expression perdre la tramontane.

ment parfaitement uniforme ; ainsi chaque étoile, par l'effet du mouvement diurne, décrit un cercle perpendiculaire à un axe PP′ passant par l'œil de l'observateur, et marche avec une vitesse constante, c'est-à-dire en parcourant des arcs égaux dans des temps égaux.

La durée de cette rotation est le jour sidéral. On la divise en vingt-quatre parties égales, qui sont des heures sidérales ; chaque heure vaut 60 minutes, chaque minute 60 secondes.

(1) *Propriétés remarquables du plan méridien.* — Ce plan, passant par la droite TZ, est perpendiculaire à l'horizon, et, passant par TP, il est perpendiculaire à l'équateur et à tous les parallèles : donc LC, intersection de l'horizon et du parallèle BB′, est perpendiculaire au plan du méridien, et, par suite, aux droites BB′, HH′, qui passent par son pied I dans ce plan.

Il en résulte : 1° que le diamètre BB′ du parallèle coupe l'arc LBC en deux parties égales ; et, comme le mouvement diurne est uniforme, on en conclut qu'une étoile ε, par exemple, met le même temps pour décrire les arcs LB, BC. Il en est de même du soleil ; chaque jour, il est midi lorsqu'il se trouve à son point culminant, dans le plan du méridien ; de là cette dénomination de méridien.

2° Le diamètre HH′ de l'horizon, la méridienne, étant perpendiculaire sur LC, passe par le milieu de l'arc LHC, c'est-à-dire est bissectrice de l'angle LTC ; de là un moyen simple imaginé par Delambre pour obtenir la méridienne d'un lieu. Sur une tour élevée, on dispose un cercle horizontal et on dirige une lu-

(1) On peut sans inconvénient sauter les lignes qui suivent, et dont l'intelligence exige quelques théorèmes de géométrie dans l'espace, jusqu'à l'installation d'une lunette méridienne.

nette mobile autour du centre du cercle, d'abord
vers le lever L, puis vers le coucher C d'une étoile :
la bissectrice de l'angle formé par ces deux direc-
tions sera la méridienne.

Si l'on veut installer avec précision une lunette
qui se meuve dans le plan du méridien, on établit
deux murs en maçonnerie sensiblement parallèles
au plan du méridien, présentant des coussinets,
sur lesquels on dispose horizontalement et perpendiculairement aux murs les tourillons de l'axe de la
lunette. On dirige alors cette dernière vers une étoile
circumpolaire ε', et on note avec un bon chronomètre les moments des passages inférieurs et supérieurs de l'astre dans le plan que décrit la lunette.
Si les intervalles qui séparent un passage inférieur
du passage supérieur suivant, et ce dernier du nouveau passage inférieur, sont rigoureusement égaux,
la lunette décrit le plan du méridien, puisque les
arcs $A'\varepsilon'A$, $A\varepsilon''A'$ étant égaux, sont parcourus par
l'étoile dans des temps égaux. S'il n'y a pas égalité
parfaite entre ces deux laps de temps, une vis de
rappel permet de faire tourner l'axe de la lunette
jusqu'à ce que cette condition soit remplie. On fait
alors placer au loin dans la campagne deux mires,
l'une au nord, l'autre au midi, dans le plan que
parcourt la lunette, de manière à pouvoir constater,
lorsqu'on désire faire une observation de précision,
si des causes perturbatrices n'ont pas fait varier la
direction de ce plan.

Le mural est une lunette méridienne se mouvant
parallèlement à un mur, sur lequel est disposé un
cercle gradué ; l'axe de rotation de la lunette, perpendiculaire au mur, passe par le centre du cercle,
et sur ce dernier sont tracées des lignes remarquables : axe du monde, verticale, et les perpendiculaires à ces droites, équateur, méridienne.

La lunette méridienne permet de trouver la hauteur du pôle au-dessus de l'horizon ; car, en mesurant les hauteurs méridiennes d'une étoile circumpolaire AH, A′H, et prenant leur moyenne arithmétique, on a

$$\frac{AH + A'H}{2} = \frac{AP + PH + PH - A'P}{2} = \frac{2\,PH}{2} = PH.$$

II.

Mouvement réel de rotation de la terre sur elle-même.

Le mouvement diurne de la sphère céleste n'est-il pas le résultat d'une illusion ?

Si du pont d'un bateau qui, abandonné à lui-même, descend le cours d'un fleuve, nous regardons le rivage, rien ne nous donne le sentiment de notre mouvement propre, et voyant les arbres, les maisons, fuir devant nous, nous leur attribuons à tort un mouvement opposé à celui qui nous emporte (1); de même la sphère céleste paraît tourner autour de notre globe ; mais n'est-ce pas plutôt la terre qui possède autour du même axe un mouvemeut de rotation uniforme et dirigé en sens contraire de celui des étoiles (2), c'est-à-dire d'occident en orient ?

Cette supposition, qui va d'ailleurs recevoir la

(1) Provehimur portu, terræque urbesque recedunt.

Virg., *Énéide*, liv. III.

(2) Le mouvement de la terre s'effectue de droite à gauche pour un observateur couché le long de l'axe, ayant les pieds sur l'équateur et la tête au pôle nord. Quand la France aura passé devant lui, il verra l'océan Atlantique, puis les Amériques... Le sens de ce mouvement est direct. En général, tout mouvement est direct lorsqu'il s'opère de droite à gauche pour un spectateur placé au centre, la tête dirigée vers l'étoile polaire ; dans le cas contraire, il est rétrograde.

sanction de plusieurs démonstrations rationnelles et expérimentales , explique parfaitement le mouvement diurne. En effet, une étoile est-elle, à un instant donné, sur l'horizon de Paris? ce plan , par l'effet de la rotation de la terre, s'incline sous cette étoile immobile, et l'observateur, qui n'a nullement conscience de son mouvement propre, croit la voir s'élever graduellement pour redescendre ensuite, et enfin s'évanouir.

Puisque les apparences sont les mêmes dans les deux hypothèses, nous devons accepter celle qui présente la plus grande simplicité ; car les ouvrages de Dieu sont magnifiques dans le dessein et simples dans l'exécution.

Or un point situé sur l'équateur de la terre parcourt environ $\frac{1}{10}$ de lieue par seconde. Cette vitesse peut nous paraitre considérable; est-elle cependant comparable à celle qu'il faudrait , dans le cas de l'immobilité de la terre , supposer à une étoile qui décrirait l'équateur céleste ? La distance de cet astre à la terre étant au moins 200,000 fois plus grande que celle qui nous sépare du soleil, il parcourrait plus de 500 millions de lieues par seconde !

D'ailleurs les étoiles ne sont pas clouées à une sphère de cristal ; elles sont à des distances très-variables de la terre ; il faudrait donc , pour qu'elles conservassent toujours leurs mêmes positions relatives, que les rayons des circonférences qu'elles décrivent fussent rigoureusement proportionnels à leurs vitesses. Certes, rien n'est impossible à Dieu ; mais ce qui est beau est simple, et quoi de plus beau et de plus harmonieux que l'ensemble de l'univers !

Le mouvement de rotation de la terre a été soupçonné par des philosophes célèbres de l'antiquité. Sénèque s'explique sur cette question avec la plus grande netteté (1); mais c'était à l'illustre chanoine de Thorn que devait revenir la gloire de créer le système astronomique, qui a maintenant reçu la consécration de la science. Galilée, embrassant les idées de son illustre devancier Copernic, soutint, comme lui, que les planètes Mercure, Vénus, la Terre..., avaient un mouvement de translation autour du soleil, et en même temps un mouvement de rotation autour de leurs axes.

On connaît (2) la persécution qui remplit d'amertume les dernières années de ce grand homme. Déjà, en 1615, une de ses lettres avait été dénoncée au Saint-Office par le Père dominicain Lorini;

(1) « Il importe d'examiner si la terre est immobile au centre du monde, ou si, le ciel étant immobile, la terre tourne sur elle-même. Des auteurs ont dit que la terre nous entraîne sans que nous nous en apercevions, et que c'est notre mouvement qui produit les levers et les couchers apparents des astres. C'est un objet bien digne de nos contemplations que de savoir si nous avons une demeure paresseuse, ou si au contraire elle est douée d'une excessive vitesse, si Dieu fait tout tourner autour de nous, ou s'il nous fait tourner nous-mêmes. » *Quæstiones naturales*, lib. VII (traduction d'Arago).

Voici le texte lui-même :

Illo quoque pertinebit hoc excussisse, ut sciamus, utrum mundus terra stante circumeat, an mundo stante terra vertatur. Fuerunt enim qui dicerent nos esse, quos rerum natura nescientes ferat, nec cœli motu fieri ortus et occasus, ipsos oriri et occidere. Digna res est contemplatione, ut sciamus, in quo rerum statu simus : pigerrimam sortiti, an velocissimam sedem : circa nos Deus omnia, an nos agat.

(2) *Voir :* 1° la brochure de M. Trouessart, professeur de physique à la Faculté des sciences de Poitiers, intitulée : *Quelques mots sur les causes du procès et de la condamnation de Galilée;* 2° *La Vérité sur le procès de Galilée :* articles de Biot extraits du *Journal des Savants.*

l'année suivante, Caccini, s'étant ligué avec un grand
nombre de moines de tous ordres, obtint la condamnation du système copernicien, qui fut déclaré
par le tribunal de l'inquisition contraire à la Sainte
Ecriture. C'était évidemment le moyen le plus sûr
d'atteindre Galilée ; et, en effet, le cardinal Bellar-
mino fut chargé par le pape de lui notifier cet arrêt
et de lui signifier expressément de ne plus soutenir
l'hypothèse de la mobilité de la terre. L'illustre
astronome garda le silence pendant 16 ans ; « mais,
dit à ce sujet Laplace, une des plus fortes passions
est l'amour de la vérité dans l'homme de génie.
Plein de l'enthousiasme qu'une grande découverte
lui inspire, il brûle de la répandre, et les obstacles
que lui opposent l'ignorance et la superstition armée du pouvoir ne font que l'irriter et accroitre son
énergie. » Aussi, en 1632, Galilée publia des dia-
logues où les deux systèmes de Ptolémée (1) et de
Copernic étaient discutés avec chaleur ; mais tout
l'avantage restait évidemment au dernier. Il pen-
sait ainsi éviter toute persécution ; il en fut autrement : appelé aussitôt devant le Saint-Office, il fut
condamné à la prison pour un temps illimité, et
ne dut son élargissement qu'aux instantes sollicita-
tions du grand-duc de Toscane. Ce qui lui fut plus
pénible, il est vrai, c'est la rétractation qu'on exi-
gea de lui. Le célèbre vieillard, à l'âge de 70 ans,
demanda pardon d'avoir soutenu une vérité, et
l'abjura à genoux. On raconte qu'au moment où il
se releva, agité par le remords d'avoir fait un faux
serment, les yeux baissés vers la terre, il dit, en
la frappant du pied : Et cependant elle se meut.

(1) Dans ce système, la terre est immobile au centre
du monde ; toutes les planètes et les étoiles tournent
autour de notre globe en 24 heures. C'est simplement,
on le voit, le système des apparences.

1*

Mais Arago et Biot font observer avec raison que c'eût été de la part de Galilée une trop grande imprudence.

On faisait à l'astronome florentin une objection qui paraissait sérieuse : c'est qu'un corps abandonné à lui-même d'une grande hauteur ne devrait pas tomber au pied de la verticale, mais un peu à l'occident de cette ligne, puisque pendant sa chute la terre s'est mue vers l'orient. Galilée n'eut pas de peine à démontrer la fausseté de ce raisonnement : l'objet, au moment du départ, a le même mouvement que la terre, et par conséquent ne doit pas rester en arrière ; il y a plus, il doit se porter en avant vers l'orient, si la hauteur de laquelle il tombe est considérable. Supposons, en effet, qu'on l'abandonne du haut d'une tour très-élevée ; il possède, au moment où il commence à tomber, la vitesse du sommet de la tour, qui est plus grande que celle du pied, puisqu'il décrit dans le même temps, vingt-quatre heures, une circonférence d'un plus grand rayon. Cette expérience a été faite plusieurs fois depuis cette époque et a bien réussi ; pour une hauteur de 158 m. 5, M. Reich a trouvé une déviation de 28 mill. 3 : la théorie indiquait une déviation de 27 mill. 6.

Une autre preuve expérimentale du mouvement de rotation de la terre est fondée sur l'invariabilité du plan d'oscillation du pendule. On appelle ainsi une masse pesante suspendue à l'extrémité d'un fil. Quand le pendule est en repos, sa direction est verticale ; il porte alors le nom de fil à plomb : mais si on l'écarte de sa position d'équilibre et qu'on le place en OA', l'attraction de la terre agissant sur la masse A la ramène à sa première position ; mais, arrivée là, elle ne s'arrête pas, elle continue à marcher en vertu de sa vitesse acquise ; elle monte en

(Fig. 2.)

A″ à la même hauteur que A′ au-dessus de A, puis elle va de A″ en A′, de A′ en A″... Ainsi de suite indéfiniment, si l'expérience a lieu dans le vide, et qu'il n'y ait pas de frottement au point d'attache O. Eh bien, le plan A′OA″, dans lequel a lieu la première oscillation, est le même que celui dans lequel s'exécutent les suivantes.

Cela posé, imaginons que l'on fasse osciller un pendule au pôle et qu'on ait placé au-dessous une table horizontale. Cette table tournera autour de P dans le sens de la flèche, sans que l'observateur, qui lui aussi est entraîné par le mouvement de la terre, s'en aperçoive. Le plan d'oscillation du pendule paraîtra doué d'un mouvement de rotation en sens contraire, d'orient en occident, et faire tout un tour en vingt-quatre heures. Il est à noter que la faible torsion que subit le fil est incapable de modifier la direction du plan d'oscillation.   (Fig 3.)

En un autre lieu de la terre, Paris, par exemple, le pendule ne fera pas un tour entier en un jour. On comprend, en effet, que lorsque le méridien (1) $P_\pi P'$ vient se substituer au méridien très-voisin $P_\pi'P'$, la nouvelle méridienne H_π' fera avec la première H_π, ou, ce qui est la même chose, avec le plan d'oscillation du pendule, l'angle $\pi H\pi'$ (on suppose que le pendule ait été abandonné en π de manière à décrire la méridienne); le plan du pendule paraîtra avoir tourné de l'angle $H\pi'B$ égal à $\pi H\pi'$, comme alternes internes par rapport aux parallèles   (Fig. 4.)

(1) On appelle méridien d'un lieu de la terre π le grand cercle $P_\pi P'$ qui passe par ce point et les deux pôles; la méridienne est la tangente en π au méridien; toutes les méridiennes des points d'un même parallèle vont rencontrer la ligne des pôles en un point H, et déterminent un cône $H\pi\pi'\pi''....$, ayant pour sommet le point H, et pour base le parallèle $\pi\pi'\pi''...$

πH, π'B et la sécante Hπ'. De même, quand la méridienne Hπ' viendra se confondre avec la méridienne très-voisine Hπ'', le plan d'oscillation du pendule paraîtra avoir tourné du nouvel angle π'Hπ''... Donc l'angle total fait par le pendule en un jour sera la somme de tous ces petits angles πHπ', π'Hπ''... c'est-à-dire celui du secteur que l'on obtiendrait en étalant le cône H$\pi\pi'\pi''$... sur un plan. A Paris, cet angle doit être de 270° environ, et c'est en effet le résultat que donne l'expérience.

Si le lieu de l'expérience est sur l'équateur, la méridienne qui est parallèle à la ligne des pôles reste toujours parallèle à elle-même ; donc le plan de pendule paraît immobile.

Cette déviation du plan d'oscillation du pendule avait été observée par les disciples de Galilée, et en particulier Viviani ; mais ils n'en avaient tiré aucune conséquence relativement au mouvement de la terre. Cette découverte était réservée à un habile physicien de nos jours, M. Foucault.

La dernière preuve que nous donnerons du mouvement de rotation de la terre, et qui est due à Newton, est son aplatissement aux pôles et son renflement à l'équateur. La terre n'est pas sphérique, mais ellipsoïdale ; eh bien, cette forme s'accorde précisément avec la nature fluide primitive de notre globe. Quand un corps tourne, une pierre attachée à l'extrémité d'un fil, par exemple, on observe que la tension de ce dernier augmente avec la rapidité du mouvement ; il y a développement d'une force (la force centrifuge) qui croît avec la vitesse. Or, les différents points de la terre décrivent dans le même temps, un jour, des circonférences d'autant plus grandes qu'ils sont plus voisins de l'équateur, et ont ainsi des vitesses différentes. La force centrifuge doit diminuer de l'équateur aux pôles, et a dû donner à la terre, lorsqu'elle présentait une grande fluidité, cette forme ovoïde que nous lui reconnaîtrons dans une prochaine leçon.

Cette assertion est complétement confirmée par une curieuse et délicate expérience de M. Plateau. Ce physicien distingué compose avec de l'eau et de l'alcool un liquide de même densité que de l'huile colorée. Dans un vase en verre plein de ce mélange, il dépose avec une pipette quelques gouttes d'huile : celles-ci se réunissent en une masse sphérique immobile à la place où elle s'est formée. C'est alors qu'il introduit dans la petite sphère un fil de platine auquel il donne un mouvement rapide de rotation, et l'on voit la boule présenter aux deux extrémités de l'axe un aplatissement d'autant plus grand que la tige métallique tourne plus vite.

III.

La position d'une étoile sur la voûte céleste est déterminée par le parallèle qu'elle décrit et la place qu'elle occupe sur ce cercle.

On connaîtra le parrallèle, si l'on a la déclinaison de l'astre, c'est-à-dire sa distance εI à l'équateur, distance comptée sur le cercle passant par ε et les deux pôles. Il est bien entendu qu'il ne s'agit pas de la grandeur absolue de cet arc, car on ne peut l'évaluer, mais du nombre de degrés, minutes..., qu'il contient. On le trouve en mesurant au mural l'angle εTI. On a soin de dire si le parallèle est plus près du pôle boréal que du pôle austral, c'est-à-dire s'il est au-dessus ou au-dessous de l'équateur ; en d'autres termes, si la déclinaison est boréale ou australe.

Maintenant, pour fixer la position de l'étoile sur

Déclinaison.

(Fig. 5.)

son parallèle, on donne la distance du cercle horaire PεI qui la contient à un autre cercle horaire (celui qui passe par l'étoile Rigel, par exemple), pris pour terme de comparaison PHP'. Cette distance HI est comptée en degrés, minutes... sur l'équateur, d'occident en orient, dans le sens de la flèche. On la nomme l'ascension droite de l'astre, et on l'obtient en mesurant le temps qui s'écoule depuis le passage de l'étoile Rigel au méridien du lieu, jusqu'à celui de l'étoile ε, ou, ce qui est plus exact, depuis la coïncidence du méridien du lieu avec le cercle horaire de Rigel, jusqu'à la coïncidence du même méridien avec le cercle horaire de ε. Comme le méridien tourne uniformément et décrit 360° en 24 h., et par suite 15° à l'heure, 15′ à la minute, 15″ à la seconde, le nombre d'heures, minutes..... qui s'écoulent entre les deux passages convertis en degrés, minutes, donne l'ascension droite.

Ascension droite.

Les anciens astronomes, et en particulier Bayer (1605), classaient les étoiles d'après leur éclat ou leur grandeur ; ils admettaient, en effet, que les plus brillantes étaient les plus grosses. Quoiqu'on ne soit pas autorisé à accepter une telle correspondance, on continue cependant à se servir de ce mode de classification. Les étoiles des six premières grandeurs sont visibles à l'œil nu ; on en compte 5,000, dont 1,000 ne paraissent jamais sur l'horizon de Paris ; celles des autres grandeurs sont dites télescopiques.

Certaines étoiles changent d'éclat d'une manière périodique. On cite, parmi ces étoiles périodiques, Algol, qui paraît de deuxième grandeur pendant 2^j 14^h, puis tout d'un coup diminue d'éclat, et au bout de 3^h 1|2 est réduite à la quatrième grandeur. Elle recommence alors à croître pour reprendre après 3^h 1|2 son éclat habituel, l'étendue entière de la période étant d'environ 2ᴶ 20ʰ 48ᵐ. Cette loi remarquable (1) suggère fortement l'idée qu'un corps opaque circule autour de l'étoile, et vient s'interposer entre elle et nous. Entendus comme on le voudra, ils indiquent une grande activité dans des régions d'où nous serions portés à croire, d'après les autres apparences, que la vie est bannie.

Il y a même des étoiles dont l'apparition a été subite, et qui, après avoir brillé d'un vif éclat sans changer de position sur la sphère céleste, ont tout d'un coup disparu. On cite celles qui ont été étudiées par Tycho-Brahé et Képler.

Les étoiles sont ordinairement blanches, mais quelques-unes sont rouges, d'autres sont jaunes.

Il y a des étoiles qui sont tellement rapprochées, qu'elles paraissent doubles. Ce résultat est-il dû à un effet de perspective ? l'une des deux étoiles est-elle derrière l'autre, à peu près sur la ligne droite qui joint la terre à la première, ou bien ces deux astres sont-ils réellement voisins ? Cette dernière hypothèse est assez généralement admise, depuis que l'on a observé que, pour quelques-uns de ces couples, une des deux étoiles tourne périodiquement autour de l'autre, en suivant les lois de Képler.

La lumière des étoiles présente une scintillation, c'est-à-dire un tremblement résultant de changements d'éclat excessivement rapides et multipliés.

Les anciens ont eu l'heureuse idée, pour distinguer les étoiles sur la sphère céleste, de les ranger par groupes appelés constellations, auxquels leur imagination prêtait des formes d'hommes, d'animaux, d'objets de diverses natures, qui servaient à les dénommer.

Nous allons donner la description succincte des

Constellations et principales étoiles.

(1) Sir Jonh Herschel.

constellations les plus remarquables visibles à Paris, en ayant soin de tracer les alignements qui permettent de les retrouver facilement.

(Fig. 6.) En se tournant du côté du nord, on aperçoit sans peine la constellation de la Grande-Ourse, composée de sept étoiles secondaires, dont quatre forment un trapèze et les trois autres un arc convéxe vers le pôle.

Si l'on prolonge la ligne αϐ des gardes de la Grande-Ourse d'une quantité égale à cinq fois sa longucur, on rencontre la Polaire. Cette étoile de seconde grandeur est la dernière de la queue de la Petite-Ourse, constellation composée, comme la précédente, de sept étoiles présentant la même forme, mais d'un très-faible éclat, et disposées en sens inverse. La Polaire, et c'est ce qui lui a fait donner ce nom, n'est qu'à 1° 28′ du pôle.

Entre les deux Ourses se trouvent le Dragon, longue file sinueuse d'étoiles peu brillantes ; elle enveloppe la Petite-Ourse, puis s'en éloigne, et va se terminer non loin de la Lyre, en présentant un quadrilatère très-visible, qui en est la tête.

La ligne des gardes de la Grande-Ourse prolongée au delà de la Polaire rencontre Céphée, qui est composée de trois étoiles formant un arc convexe vers le pôle.

En prolongeant encore vers le sud la même ligne, on trouve Cassiopée, qui affecte la forme d'un Y.

Enfin ce même alignement conduit au grand quadrilatère de Pégase.

La diagonale αα de Pégase prolongée vers l'orient rencontre deux autres étoiles aussi belles. La ligne αϐγ s'appelle Andromède. Son prolongement passe par la luisante de Persée.

Un peu avant Persée, mais plus vers le midi, se trouve Algol, étoile périodique.

On doit aussi remarquer à côté d'Algol un groupe d'étoiles très-serrées ; ce sont les Pléiades.

Le Cocher est un grand pentagone situé à l'orient de Persée ; il contient la Chèvre, très-belle étoile jaune de première grandeur.

Au midi du Cocher, on voit Orion, la plus belle des constellations par son étendue et son éclat ; elle a la forme d'un grand rectangle dont deux sommets sont des étoiles de première grandeur, Bételgeuze ou l'épaule droite, et Rigel ou le pied gauche. Au milieu se trouvent trois secondaires en ligne droite ; ce sont les trois rois ou le baudrier.

A l'orient du Cocher, on remarque un parallélogramme allongé : c'est la constellation des Gémeaux, qui offre deux belles étoiles, Castor et Pollux.

Au midi des Gémeaux se trouvent deux belles étoiles primaires : Procyon, qui appartient au Petit-Chien, et Sirius, l'une des étoiles du Grand-Chien.

La ligne des gardes de la Grande-Ourse, prolongée en sens contraire du pôle, traverse le Lion, qui forme un trapèze où l'on remarque la primaire Régulus.

L'arc de la queue de la Grande-Ourse prolongé va traverser le Bouvier, qui contient la belle étoile primaire Arcturus.

A l'orient du Bouvier se trouve un arc de cercle composé de sept étoiles, dont l'une, la Perle, est secondaire. Cette constellation est la Couronne boréale.

Au midi de la tête du Dragon, on voit la grande constellation d'Hercule, où se trouve la primaire Ophiucus.

La Lyre est remarquable par la primaire Wéga.

Le Cygne, qui a la forme d'une croix, est à l'orient de la Lyre.

Enfin, au midi de cette dernière, on voit l'Aigle, avec sa belle primaire Ataïr.

On appelle *voie lactée* une bande blanchâtre qui couvre une partie du ciel: Persée, Cassiopée, le Cygne. C'est un amas de petites étoiles télescopiques.

Les nébuleuses sont de nombreuses petites taches blanches qui sont aussi probablement des amas d'étoiles, mais tellement rapprochées, que l'on ne peut, en général, les distinguer au moyen des meilleurs télescopes. Dans le cas contraire, on dit que les nébuleuses sont résolubles. Certains astronomes, les deux Herschel, par exemple, ont pensé que les nébuleuses non résolubles étaient des nuages formés d'une manière homogène, brillante, la matière cosmique, c'est-à-dire la matière première des mondes de l'univers.

Notions sur leurs distances. — Dans tout ce qui précède, nous avons considéré les étoiles comme clouées sur une sphère cristalline ; mais, nous l'avons déjà dit, c'est une pure illusion, due à l'impossibilité où nous sommes d'estimer, même par le calcul, l'éloignement de ces corps. C'est à peine si nous pouvons déterminer les distances des plus rapprochés, en prenant même pour base du triangle (1) le diamètre de l'orbite terrestre. La moitié de l'angle ε, qui s'appelle la parallaxe annuelle de l'astre, est tellement petite qu'elle ne peut être déterminée que pour quelques étoiles. Elle est toujours plus faible que 1″. Or, dans ce dernier cas, le calcul apprend que la distance serait 206265 fois celle de la terre au soleil. Telle est à peu près la distance de l'étoile la plus proche de

(Fig. 7.)

(1) Pour mesurer la distance d'un point T à un point inaccessible ε, on trace par T une base quelconque TT'; aux stations T et T', on mesure les angles εTT', εT'T ; on connaît ainsi un côté et deux angles du triangle. La trigonométrie permet de le résoudre, c'est-à-dire de trouver les autres éléments, et en particulier le côté Tε.

nous, α du Centaure, dont la parallaxe annuelle est
0″,94. Cette distance, qui est de 227000 rayons de
l'orbite terrestre, est tellement grande que la lumière
met 3 ans, 6, pour venir de cet astre à nous ; il
pourrait ne plus exister depuis 3 ans, 6, que nous
le verrions encore. La belle étoile Sirius a pour parallaxe annuelle 0″,23; sa distance est 900000 rayons
de l'orbite terrestre, et la lumière qu'elle nous envoie
met quatorze ans pour franchir cet espace.

Les étoiles des trois ou quatre premières grandeurs sont à peu près uniformément réparties sur
la sphère céleste ; mais il en est autrement de
celles qui appartiennent aux classes inférieures. Sir
W. Herschel a reconnu cette inégale distribution
en *jaugeant* les cieux avec un télescope dont le
champ embrassait un cercle de 15′ de diamètre.
Les résultats qu'il a obtenus l'ont conduit à supposer les étoiles également espacées entre elles et
formant une couche, une strate, dont l'épaisseur est
faible, relativement à l'étendue, et qui se bifurque en
deux lames inclinées d'un petit angle l'une sur
l'autre. Le soleil, et par suite notre terre, serait situé   (Fig. 8.)
près du sommet de l'angle, à peu près au milieu de
l'épaisseur en S, de telle sorte que dans les trois di-
rections SA, SB, SC, l'œil rencontrerait un bien plus
grand nombre d'étoiles que suivant la droite SD
perpendiculaire à la couche.

Suivant l'idée grandiose de Lambert, notre voie
lactée serait une des nébuleuses dont l'ensemble
constituerait le monde entier.

Les étoiles ne sont pas rigoureusement fixes dans
l'espace. Les observations les plus délicates mettent
ce fait hors de doute. Tobie Mayer (1760) portait
à quatre-vingts celles dont le déplacement, d'une
lenteur excessive, il est vrai, était parfaitement démontré. Notre soleil, l'étoile de notre système pla-

nétaire, a lui aussi un mouvement bien déterminé ; il marche vers la constellation d'Hercule (1).

(1) « Toutes les fixes, disait Fontenelle, sont autant de soleils, centres, comme notre soleil, chacun de son tourbillon ; mais centres seulement à peu près, et qui peuvent se mouvoir autour d'un autre point central général. Le soleil pourrait lui-même se mouvoir de cette façon. »

IV.

TERRE.

La terre était pour les anciens une vaste plaine De la terre. sur laquelle reposait la voûte des cieux, et, en effet, telle est l'idée que l'on s'en fait quand on se contente des apparences. Mais il est facile de prouver qu'elle est isolée dans l'espace et qu'elle a la forme sphéroïdale.

Pour constater le premier point, il suffit de marcher dans le même sens, et en suivant, autant que possible, la ligne droite, on revient toujours au lieu de départ. Magellan (1519), étant parti de Séville, se dirigea vers l'ouest, arriva en Amérique, descendit vers le sud, traversa le détroit qui porte son nom et, en continuant sa route vers l'ouest, il aborda en Asie, qui est à l'est de l'Espagne. Ce voyage a été répété depuis bien des fois, et on a même fait le tour de la terre en différents sens.

On démontre la convexité de la terre en remarquant que, lorsqu'un vaisseau s'éloigne d'un port, une personne placée sur le rivage voit, au bout d'un certain temps, la carène disparaître peu à peu avant les mâts. Si la mer était une plaine liquide, les apparences seraient entièrement différentes : les mâts et les voiles supérieures, en raison de leur ténuité, devraient les premiers échapper à la vue.

On peut aussi observer que l'élévation d'une étoile, et en particulier de l'étoile polaire ou du pôle céleste, au-dessus de l'horizon d'un lieu A, c'est-à-dire l'angle πAH, augmente quand l'observateur

(Fig. 10.) s'approche du nord P. Si la terre était plane, la hauteur de l'étoile ou du pôle céleste au-dessus de l'horizon serait toujours la même.

Pour bien comprendre cette explication, il ne faut pas oublier que les étoiles sont tellement éloignées de nous, que tous les rayons qui vont des différents points de la terre à l'une d'elles concourent presque à l'infini, et par conséquent sont parallèles.

(Fig. 11.) Non-seulement la terre est convexe, mais elle est sensiblement *sphérique;* et en effet, un observateur, placé en un lieu élevé, voit une étendue de pays limité par une ligne circulaire dont il est le centre, et que l'on appelle communément l'horizon (1). Cela tient à ce que tous les points de contact des tangentes à une sphère O, menés par un point extérieur A, sont toujours sur une même circonférence TT'T'', tandis que, pour une autre surface O', les points de contact des tangentes déterminent en général une autre courbe *tt'*, dont le centre (si elle en a un) n'est plus l'observateur A.

D'ailleurs ne voit-on pas la forme sphérique de la terre parfaitement dessinée dans une éclipse de lune ? car la forme du cône d'ombre dépend de celle du corps opaque ; et si ce dernier est sphérique, lorsqu'un corps éclairé pénétrera dans l'ombre, pendant tout le temps de l'immersion ou de l'émersion, la ligne de séparation de l'ombre et de la lumière sur ce corps devra être circulaire. Ce fait s'accorde parfaitement avec l'observation.

(Fig. 12.) Puisque la terre est sphérique, concevons la ligne des pôles, c'est-à-dire la droite qui, passant par le centre, va joindre les deux pôles célestes ; les

Pôles. points où elle rencontre la sphère terrestre sont les pôles terrestres : pôle nord ou arctique, pôle sud

(1) De ὁρίζω je termine.

ou antarctique. Faisons passer par cette ligne une infinité de plans ; chacun d'eux déterminera sur la terre un cercle ; tous ces cercles sont des méridiens. *Méridiens.* Ainsi, le cercle qui passe par les deux pôles et par Paris est le méridien de Paris. Le plan que l'on conçoit, mené par le centre de la terre, perpendiculairement à la ligne des pôles, est l'équateur, et tout *Équateur.* plan parallèle à ce dernier est un parallèle. *Parallèles.*

Les méridiens et les parallèles permettent de fixer la position d'un lieu sur la terre, car il se trouve toujours à l'intersection d'un méridien et d'un parallèle.

On appelle latitude d'un lieu P le nombre de *Latitude et longitudes géographiques.* degrés, minutes... contenus dans l'arc PA du méridien de P compris entre ce lieu et l'équateur. La latitude est boréale ou australe, suivant que le point P est au-dessus ou au-dessous de l'équateur.

On nomme longitude l'angle que fait ce méridien avec un autre pBp' pris pour origine. Cet angle est donné par l'arc BA compté sur l'équateur et compris entre les deux méridiens. Il va de 0° à 180°, soit à droite, soit à gauche de B ; dans le premier cas, la longitude est orientale ; dans le second, elle est occidentale.

Le méridien pris pour origine en France est celui qui passe par l'observatoire de Paris.

Cela posé, Poitiers a une latitude boréale de 46° 30′ environ, et une longitude occidentale de 2° ; alors, si l'on veut fixer sur une sphère en carton la position de cette ville, après avoir figuré l'équateur et les deux pôles, on tracera un méridien pBp' qui représentera celui de Paris ; on prendra BC de 46° 30′ ; on mènera le parallèle correspondant ; on prendra BA égal à 2° à gauche de B, on tracera le nouveau méridien pAp', et le point P d'intersection de ce méridien avec le parallèle représentera la position de Poitiers.

(Fig. 15.)

Pour mesurer la latitude d'un lieu A, on évalue l'angle εʹAH que fait un rayon allant de l'œil de l'observateur au pôle céleste, avec l'horizon AH ; on l'appelle la hauteur du pôle au-dessus de l'horizon ; cet angle est justement égal à la latitude cherchée ; en effet, Aεʹ est parallèle à Pε, parce que le point ε est à une distance infinie, et que, par conséquent, les deux droites vont se rencontrer à l'infini, c'est-à-dire ne se rencontrent pas du tout. Ainsi Aεʹ est perpendiculaire à OE; d'ailleurs l'horizontale ou méridienne AH est perpendiculaire à la verticale OA ; donc l'angle HAεʹ est égal à AOE, c'est-à-dire à la latitude, comme ayant les côtés perpendiculaires.

Pour trouver la longitude, on se sert d'un bon chronomètre réglé à Paris sur une étoile, c'est-à-dire marquant à Paris 0^h 0^m... lorsque cette étoile, Rigel par exemple, passe au méridien. Supposons maintenant que l'on observe avec le chronomètre l'instant où la même étoile passe au méridien d'un autre lieu, et qu'il marque 1 heure, par exemple; cela voudra dire que ce lieu est à l'occident de Paris, et que son méridien fait avec celui de Paris un angle de $\frac{360°}{24}$ ou 15° ; s'il était trois heures, la longitude occidentale serait de 15° × 3 ou 45°. Ainsi, du temps observé on déduit facilement la longitude, en se rappelant que la terre tourne autour de son axe d'un mouvement uniforme, et que, par conséquent, un méridien tourne uniformément de 360° en 24 h., ou de 15° à l'heure.

V.

Les considérations que nous avons développées dans la leçon précédente nous ont donné une première idée de la forme de notre globe ; nous avons reconnu qu'il était sensiblement sphérique. Mais une étude plus approfondie de cette importante question est indispensable pour nous permettre d'établir avec certitude la figure de la terre.

Par des mesures exécutées avec le plus grand soin, au moyen d'instruments et de méthodes d'une remarquable précision , Bouguer et La Condamine (1736) trouvèrent le degré au Pérou égal à 56,760 toises, pendant que Maupertuis et Clairaut estimèrent celui de Laponie à 57,422 toises. Un demi-siècle auparavant, Picard avait obtenu 57,060 toises pour le degré en France. Ces nombres présentent des différences trop notables pour qu'on puisse raisonnablement les regarder comme de simples erreurs inhérentes aux difficultés que présentaient ces délicates opérations géodésiques. Ainsi les arcs de méridien de 1° ne sont pas égaux en longueur, condition rigoureusement remplie sur une sphère ; la terre ne présente pas partout la même courbure, elle *n'est pas sphérique.*

Avant de tirer de l'inspection des nombres précédents une autre conclusion importante, il est nécessaire de définir ce qu'on appelle arc de 1°.

Le méridien PEP′ est-il circulaire? l'arc AA′ sera de 1° si l'angle AOA′ est de 1°, si la différence des latitudes A′OE, AOE, ou ce qui revient au même, la différence des hauteurs p'A′H′, pAH du pôle au-dessus de l'horizon en A′ et A, est de 1°.

Mais si le méridien affecte une autre forme, la

méridienne en A sera toujours la tangente AH à la courbe ; la perpendiculaire AZ à AH sera la verticale du lieu ; mais cette droite ne passera pas, comme dans la figure précédente, au centre O, elle rencontrera l'équateur OE en B. L'angle ABE sera la latitude de A, et l'on voit qu'il est encore égal à la hauteur pAH du pôle au-dessus de l'horizon (comme ayant les côtés respectivement perpendiculaires).

La latitude de A′ sera de même l'angle A′B′E, ou p'A′H′.

Or les deux verticales se rencontrent en I, et l'on a
$$A'B'E = B'IB + IBB' \text{ ou } ABE,$$
puisqu'un angle extérieur à un triangle est égal à la somme des angles non adjacents.

Donc angle I = A′B′E — ABE = p'A′H′ — pAH.

Ainsi l'angle I est égal à la différence des deux latitudes de A′ et A ; s'il est de 1°, l'arc AA′, qui sur la terre est sensiblement un arc de cercle, est de 1°.

Ces définitions posées, comme l'arc de 1° va en croissant de l'équateur au pôle, on voit que la courbure de la terre est moins grande dans les régions polaires que dans les contrées équatoriales ; car de

deux arcs AB, A′B′ qui mesurent le même angle O, celui qui est le plus grand présente évidemment la moindre courbure.

Donc la terre est *aplatie* au pôle et *renflée* à l'équateur.

La courbe qui approche le plus de la circonférence est l'ellipse (1) ; il est donc naturel d'essayer

(1) On appelle ellipse une courbe telle que la somme des distances de chacun de ses points à deux points fixes F et F′ est constante.

Ainsi on a FMF′ = FM′F′ = FM″F″....

F et F′ sont les foyers, FF′ l'excentricité.

FM, FM′, FM″ sont les rayons vecteurs partant du foyer ; F′M, F′M′, F′M″.... sont ceux qui partent de F′.

Le milieu de FF′ est le centre de l'ellipse, c'est-

cette ligne, c'est-à-dire de rechercher si le méridien terrestre est elliptique. Or le calcul montre qu'une ellipse est parfaitement déterminée, que l'on connaît ses deux axes, quand on a les longueurs de deux arcs de cette courbe, ainsi que leur position. Cela posé, imaginons que l'on possède un certain nombre d'arcs de 1° du méridien terrestre, ainsi que leur latitude moyenne ; deux de ces arcs suffisent pour déterminer une ellipse ; si donc, en changeant d'arcs, l'ellipse obtenue à chaque nouveau calcul est toujours la même, il sera prouvé avec la dernière évidence que tous ces arcs sont sur la même ellipse. C'est précisément ce que l'on a vérifié.

Donc le méridien terrestre est une ellipse, et la terre est un *ellipsoïde de révolution*, c'est-à-dire le volume engendré par une ellipse tournant autour de son petit axe.

Le rayon OA va en diminuant de l'équateur au pôle ; le rapport $\dfrac{OE - OP}{OE}$ est ce qu'on appelle l'aplatissement.

En 1799 la commission chargée de substituer aux anciennes mesures un système basé sur la loi décimale et dérivant de la seule unité de longueur confia à Delambre et Méchain le soin de mesurer l'arc de méridien compris entre Dunkerque et Barcelone. Ces savants purent ainsi fixer la longueur du quart du méridien à 5130740 t., et c'est la dix millionième partie de cette longueur qui fut adoptée pour le mètre. Ainsi la nouvelle unité de longueur correspond à 0ᵗ, 513074 ou 0ᵗ 3ᵖⁱ 0ᵖᵒ 11ˡ, 296.

Depuis cette époque, les astronomes les plus dis-

à-dire que toute droite qui passe par O et qui est terminée de part et d'autre à la courbe est divisée en ce point en deux parties égales.

La droite EE' est le grand axe, PP' est le petit.

tingués, et en particulier Biot et Arago, ont repris et étendu ces travaux. La longueur du quart du méridien a été un peu modifiée, elle est de 10000856 m. Le mètre n'en est donc pas tout à fait la dix millionième partie.

Le rayon de l'équateur OE est 6377398 m. ; celui qui va au pôle OP 6356080 et l'aplatissement $\dfrac{6377398-6356080}{6377398} = \dfrac{1}{299}$ c'est-à-dire que la différence entre les rayons équatorial et polaire est sensiblement la 300me partie du premier.

VI.

L'aplatissement de la terre aux pôles est si faible, que dorénavant nous considérerons notre globe comme parfaitement sphérique ; nous simplifierons ainsi, sans erreurs sensibles, les calculs et les démonstrations.

Il est facile, dès lors, en opérant comme nous l'avons fait précédemment pour Poitiers, de fixer sur une sphère en carton les positions des lieux dont on connaît les longitudes et les latitudes.

Les globes terrestres sont susceptibles de donner une représentation suffisamment exacte de la surface de la terre ; mais on leur préfère ordinairement des cartes géographiques. Ces dessins sont cependant toujours plus ou moins défectueux ; ils ne sauraient, en effet, reproduire exactement des portions de sphère, puisque cette surface n'est pas développable, c'est-à-dire ne peut s'étaler sur un plan sans déchirure ni duplicature.

L'invention des cartes remonte à une haute antiquité. Les deux systèmes de projection orthogra-

Cartes géographiques.

Notions très-sommaires sur les divers systè-

phique et stéréographique qui servent à leur con- mes de projec-
tion.
struction sont généralement attribués, le premier à
Apollonius (200 ans av. J.-C.), le second à Hipparque (120 ans av. J.-C.).

Pour définir et appliquer ces deux systèmes de
projection, nous supposerons la terre diaphane et
que l'un de ses grands cercles, l'équateur, par
exemple, ou un méridien, devienne un tableau transparent.

1° Imaginons maintenant un observateur placé (Fig. 17.)
à une distance infinie sur la ligne des pôles en V;
les droites, telles que VA, qui vont de son œil aux
divers points de l'hémisphère EPE', seront parallèles
à PP'; le point A ira se peindre en a, pied de la perpendiculaire Aa à l'équateur EE': c'est sa projection
orthographique.

Que l'on projette ainsi tous les points de la partie
MN de la terre, on en aura la carte orthographique
mn. On conçoit que ce dessin sera d'autant plus
exact, qu'il reproduira des surfaces plus voisines du
pôle P; elles seront projetées presque en vraie grandeur, mais celles qui sont proches de l'équateur
éprouveront une énorme réduction.

Les projections orthographiques des méridiens et
des parallèles s'obtiennent en remarquant que les
premiers, étant perpendiculaires au plan de l'équateur, se projettent suivant des rayons de ce cercle
(la projection de PAI est OI), et que les parallèles,
tels que AB, se projettent en vraie grandeur en ab.

Veut-on, d'après cela, trouver la projection or- (Fig. 18.)
thographique de Poitiers? On trace un cercle EE'
représentant l'équateur; on prend le rayon quelconque O'P pour projection du méridien de Paris, et
on mène le rayon O'I à gauche de O'P, et faisant
2° avec lui, ce sera le méridien de Poitiers. Puis
on décrit un cercle concentrique à l'équateur avec

2*

un rayon $O'a'$ facile à déterminer ; car si la latitude AI est de 46° 34′ (latitude de Poitiers), on prendra PA′ égal à cet angle, et on abaissera $A'a'$ perpendiculaire à O′P. Le triangle $A'O'a'$ est bien égal à AOa.

Le point d'intersection du parallèle et du méridien détermine la projection orthographique de Poitiers A_1.

On peut remarquer ici que les disques solaire et lunaire sont des projections orthographiques des hémisphères que ces astres tournent vers nous.

(Fig. 19.)   2° Si l'œil de l'observateur, au lieu d'être infiniment éloigné de la terre, se trouve placé au pôle P′, le rayon P′A n'est plus perpendiculaire sur l'équateur EE′ ; son point a de rencontre avec le tableau est la projection stéréographique de A. Que l'on projette ainsi tous les points de la partie MN de la terre, on en aura la carte stéréographique.

Dans ce mode de projection, les surfaces voisines du point P sont réduites de moitié, et celles qui sont proches de l'équateur sont reproduites presque en vraie grandeur.

On démontre que la projection stéréographique d'un cercle quelconque tracé sur la sphère est elle-même un cercle. Cette propriété permet de construire simplement les projections stéréographiques des méridiens et des parallèles.

(Fig. 20.)   Prenons pour plan du tableau, un méridien PAP′, celui de l'île de Fer, par exemple (premier méridien des anciens), et supposons qu'il s'agisse de projeter l'hémisphère qui est en avant de ce plan. Plaçons l'œil de l'observateur derrière le tableau, à l'extrémité du rayon qui lui est perpendiculaire, et représentons-le par la lettre S, qui sur la figure est cachée par O.

Cela posé, le méridien, qui est à égale distance de PAP′ et PA′P′, contenant le point de vue S, se pro-

jette évidemment suivant le diamètre PP′ ; mais les
autres ont pour projection des cercles. Considérons
le méridien de Paris qui fait un angle de 20° à l'est
avec celui de l'ile de Fer ; les points P, P′, appartenant
à la fois au méridien et au tableau, sont à eux-
mêmes leurs projections stéréographiques. De plus,
le méridien de Paris rencontre l'équateur en un point
que nous désignerons par C ; en le joignant à S, la
droite SC rencontrera EE′ en c, qui sera un troisième
point de la projection.

Pour le déterminer, faisons tourner le plan de
l'équateur SECE′ autour de EE′, jusqu'à ce que S
arrive en P ; le demi-cercle E′CE tombera sur E′P′E,
et C se placera en $C_{\text{,}}$, à 20° de E ; la droite SC aura
la position $PC_{\text{,}}$, et le point c, où elle rencontre EE′,
est celui que nous cherchions. Nous ferons passer
un arc de cercle par les trois points P, c, P′, et nous
aurons la projection du méridien de Paris.

De même, l'équateur, passant par l'œil de l'observateur, se projette suivant la ligne droite EE′ ; mais
les parallèles ont pour projections des cercles. Pro-
jetons celui de Paris, qui est à 48° 50′ au-dessus de
l'équateur, traçons la corde AA′ à cette distance :
A, A′ seront deux points de la projection stéréographique du parallèle. Concevons maintenant celui B,
qui est, dans le plan du méridien, à égale distance
de PAP′ et PA′P′ ; en le joignant à S, cette droite
rencontrera le plan du tableau au point b situé sur
PP′. Pour obtenir ce dernier point, faisons tourner
le méridien SPBP′ autour de PP′ jusqu'à ce que S
vienne en E ; B arrivera en A′, SB aura la position
EA′, et rencontrera PP′ au point b demandé. On fera
passer un arc de cercle par les trois points A, b, A′,
et on aura la projection du parallèle de Paris.

La projection stéréographique de Paris sera donc
au point d'intersection du méridien et du paral-

lèle p. On pourra tracer avec la même simplicité autant de méridiens et de parallèles que l'on voudra, par suite fixer les positions de tous les lieux ou points remarquables ; on aura ainsi la carte stéréographique de l'hémisphère considéré. Qu'on en fasse autant pour l'autre, l'ensemble de ces deux cartes formera une mappemonde comme celles qu'offrent les atlas.

Mappemonde.

Quand on veut représenter des parties de la terre peu considérables, on emploie d'autres systèmes de construction. Le plus ancien est dû à Ptolémée (138 ans après J.-C.), et les autres en sont des modifications plus ou moins heureuses. Le procédé qui porte le nom de développement conique consiste à considérer le pays à représenter comme une portion du cône tangent à la terre, suivant le parallèle moyen, et à l'étendre sur un plan.

VII.

SOLEIL.

Le soleil se distingue des étoiles proprement di-
tes par le mouvement propre dont il paraît animé
sur la voûte céleste, ainsi que par la grandeur et
l'éblouissant éclat de son disque.

En observant chaque jour l'ascension droite et la
déclinaison du centre de cet astre, on reconnaît que
ces deux coordonnées sont variables. Que l'on trace
sur une sphère en carton un grand cercle pris pour
équateur, que l'on fixe la position des pôles, que l'on
prenne sur l'équateur un point quelconque représentant l'origine des ascensions droites, on pourra
facilement rapporter sur ce globe les diverses positions que le soleil occupe sur la sphère céleste. La
déclinaison est-elle aujourd'hui boréale et de 16°,
et l'ascension droite de 53°, on tracera le parallèle
qui est à 16° de l'équateur et le cercle horaire à
droite de celui qui passe par l'origine et qui en est
distant de 53°, et le point de rencontre de ces deux
cercles sera la position du soleil au moment de l'observation.

En joignant par un trait continu tous les points
ainsi obtenus, on aura une courbe qui sera sensiblement un grand cercle de la sphère, et dont le plan
sera incliné sur celui de l'équateur de 23° 27′. Ce

cercle s'appelle l'écliptique. Les points γ, γ' de rencontre de l'écliptique et de l'équateur se nomment équinoxiaux, et ceux qui sont les plus élevés au-dessus de l'équateur ϵ, ϵ' sont les points solsticiaux. Le soleil marchant dans le sens direct (celui de la flèche) (1), le point équinoxial γ, par lequel il passe lorsqu'il traverse l'équateur en montant au solstice supérieur, est pris par les astronomes pour origine des ascensions droites ; la détermination exacte de ce point est donc très-importante.

Pour la faire, on observe les déclinaisons et ascensions droites du soleil au midi qui précède et à celui qui suit l'équinoxe ; la déclinaison a alors augmenté de $\sigma''S'' + \sigma S$; on pose la proportion :

Dans 24^{h} la déclinaison s'étant accrue de $\sigma''S'' + \sigma S$ dans combien d'heures augmentera-t-elle de $\sigma''S''$ seulement ?

$$\text{D'où } \frac{x'}{24^{\mathrm{h}}.} = \frac{\sigma''S''}{\sigma''S + \sigma S} ; \quad x' = \frac{24^{\mathrm{h}} \cdot \times \sigma''S''}{\sigma''S + \sigma S''}.$$

C'est supposer que le mouvement du soleil en déclinaison est proportionnel au temps, ce qui est à peu près vrai dans le court intervalle d'un jour. On a donc ainsi le moment précis de l'équinoxe. Veut-on alors la position du point γ ? Soit o le point qu'on avait pris pour origine des ascensions droites ; on dira : pour que l'ascension droite augmente de $o\sigma - \epsilon\sigma''$, il faut un jour ou 24 h. ; dans le nombre d'heures x' que l'on vient de trouver, de combien augmentera-t-elle ?

$$\frac{24}{x'} = \frac{\sigma''\sigma}{\sigma''\gamma} ; \text{ d'où } \sigma''\gamma = \frac{\sigma''\sigma \times x'}{24}.$$

(1) De droite à gauche pour un observateur couché le long de TP, les pieds en T.

On suppose donc aussi que le mouvement en ascension droite est proportionnel au temps.

Le temps que met le soleil à parcourir l'écliptique est l'année solaire ; elle est partagée en quatre parties à peu près égales, qu'on appelle printemps, été, automne, hiver. Le printemps commence quand le soleil passe au point γ (21 mars) ; l'été, quand il atteint le solstice ι (22 juin), l'automne, quand il traverse de nouveau l'équateur à l'équinoxe γ' (21 septembre) ; l'hiver, lorsqu'il se trouve au solstice d'hiver ι' (22 décembre).

Le soleil, dans sa marche sur la sphère céleste, traverse douze constellations remarquables dont chacune occupe à peu près *le douzième* d'une zone de 18° de largeur, appelée zodiaque. Ces constellations, dont l'importance était très-grande pour les anciens, parce qu'ils croyaient que le soleil se trouvait toujours dans chacune d'elles à la même époque de l'année, sont : le Bélier ♈, le Taureau ♉, les Gémeaux ♊, le Cancer ♋, le Lion ♌, la Vierge ♍, la Balance ♎, le Scorpion ♏, le Sagittaire ♐, le Capricorne ♑, le Verseau ♒, les Poissons ♓.

Constellations zodiacales.

Les deux vers latins suivants les font facilement retenir :

Sunt : Aries, Taurus, Gemini, Cancer, Leo, Virgo,
Libraque, Scorpius, Arcitenens, Caper, Amphora, Pisces.

Nous venons de déterminer le mouvement apparent du soleil, ou plutôt de sa projection sur la sphère céleste. Hâtons-nous de remarquer que cela n'infère en rien que la distance du soleil à la terre est toujours la même. La considération du diamètre apparent de cet astre à différentes époques va, du reste, rectifier cette erreur, si elle s'était déjà glissée dans notre esprit.

(Fig 22.)

On entend par diamètre apparent d'un objet ab l'angle que font les droites oa, ob, qui vont de l'œil aux extrémités de ce corps. L'inspection de la figure montre que si la flèche, sans changer de grandeur, s'éloigne et prend la position $a'b'$, l'angle devient $a'ob'$, le diamètre apparent diminue. Donc on peut apprécier les changements de distance d'un objet de grandeur déterminée par la simple observation de ses diamètres apparents.

Diamètre apparent du soleil variable avec le temps.

Comme le soleil a une grosseur constante, les variations que présente son diamètre apparent nous forcent donc à le supposer à des distances variables de la terre. On trouve que le diamètre apparent est maximum vers la fin de décembre, et minimum vers le premier juillet; donc le soleil est au *périgée* à la première époque, à l'*apogée* à la seconde. Depuis le périgée, le diamètre apparent va en diminuant jusqu'à l'apogée, puis il va en augmentant jusqu'à son retour au périgée.

(Fig. 23.)

Quand le diamètre apparent est faible et que la distance de l'œil à l'objet est très-grande, on peut, sans erreur sensible, supposer $oa = ob$, $oa' = ob'$, et ab, $a'b'$ comme étant des arcs de cercle; alors il est évident que si le rayon oa' est double, triple..., de oa, l'angle $a'ob'$ sera deux, trois... fois moindre que aob, c'est-à-dire que le diamètre apparent varie sensiblement, en raison inverse de la distance.

Cela posé, connaissant les diamètres apparents du soleil pour tous les jours de l'année, ainsi que les vitesses angulaires, c'est-à-dire les arcs qu'il parcourt sur l'écliptique chaque jour, on pourra tracer sur le papier une courbe semblable à celle qu'il paraît décrire autour de la terre.

(Fig. 24.)

Si T est la terre, S le soleil au midi du 31 décembre, par exemple, le lendemain, à midi, le soleil sera sur TS' (l'angle STS' étant égal à la vitesse angulaire correspondante), et l'on trouvera la longueur de TS' en se fondant sur ce que TS et TS' sont inversement proportionnels aux diamètres apparents. On peut ainsi tracer la courbe par points, et l'on voit que c'est une ellipse dont le grand axe est la ligne périgée, apogée, et dont la terre occupe l'un des foyers.

Le soleil paraît décrire une ellipse autour de la terre.

Les tableaux des diamètres apparents et des vitesses angulaires conduisent au principe des aires : les aires décrites par le rayon vecteur sont proportionnelles aux temps, ou, en d'autres termes, les aires décrites par le rayon vecteur dans des temps égaux sont égales.

Principe des aires.

Ainsi le soleil décrit-il les arcs S″S‴, S⁴ᵛSᵛ en deux jours différents, les surfaces S″TS‴, S⁴ᵛTSᵛ sont égales. En effet, ces deux arcs d'ellipse parcourus chacun en un jour, sont assez petits pour être regardés comme circulaires, ce qui revient à dire que les rayons vecteurs TS″, TS‴ sont sensiblement égaux, ainsi que TS⁴ᵛ, TSᵛ. Donc l'arc S″S‴ est sensiblement égal à $\dfrac{\pi d v}{180°}$, et l'aire S″TS‴ $= \dfrac{\pi d v}{180} \times \dfrac{d}{2} = \dfrac{\pi v d^2}{360}$; de même l'aire S⁴ᵛTSᵛ $= \dfrac{\pi v' d'^2}{360}$. Mais, d'après les tableaux, on trouve que les vitesses angulaires sont proportionnelles aux carrés des diamètres apparents, et, par suite, inversement proportionnelles aux carrés des distances. Donc $\dfrac{v}{v'} = \dfrac{d'^2}{d^2}$ ou $v d^2 = v' d'^2$, et les aires des deux figures S″TS‴, S TSᵛ sont bien égales (1).

(1) Il résulte de là que la vitesse du soleil sur l'ellipse est variable; elle est plus grande au périgée qu'à l'apogée: l'arc SS' parcouru en un jour est plus grand que Sᵛⁱ Sᵛⁱⁱ décrit dans le même temps, puisque l'aire

VIII.

Le mouvement de rotation de la terre autour de son axe, ou le mouvement diurne de la sphère céleste qui en est une conséquence, est, nous l'avons déjà dit, parfaitement uniforme. Sa durée invariable, qu'on appelle *jour sidéral*, pourrait être prise pour unité de temps; mais on a choisi de préférence, pour mesurer le temps, l'intervalle qui sépare deux passages consécutifs du soleil au même méridien : c'est le jour *solaire vrai*. Cette durée est un peu plus longue que la première de quatre minutes environ. En effet, le soleil et une étoile, Rigel par exemple, passent-ils aujourd'hui au même instant au méridien ; comme le soleil a un mouvement propre sur la voûte céleste en sens inverse du mouvement diurne, quand Rigel apparaîtra demain dans le plan du méridien, le soleil n'y sera pas encore ; il faudra attendre à peu près quatre minutes; après-demain, il y aura un retard de huit minutes environ, de sorte qu'après un certain temps (une année), le soleil aura fait tout un tour sur la sphère céleste, en vertu de son mouvement propre, et se trouvera de nouveau dans le méridien avec l'étoile; il sera en retard de tout un jour sur l'étoile ; en d'autres termes, l'année solaire aura un jour de moins en jours solaires qu'en jours sidéraux.

(Fig. 21.) La durée du jour solaire n'est pas toujours la même, et il est facile de le comprendre. Soient EE' l'équateur céleste, ""' l'écliptique ; supposons même

STS',=l'aire S$_{\text{II}}$TS$_{\text{VII}}$, et que TS est plus petit que TS$_{\text{VI}}$.

que le soleil ait sur cette courbe un mouvement uniforme, ce qui n'est pas tout à fait vrai. Il est, par exemple, aujourd'hui à son passage au méridien en γ, point équinoxial de printemps, origine des ascensions droites. Le lendemain, à son nouveau passage, il sera en S, le surlendemain en S'... Menons les cercles horaires PS, PS'..., et remarquons que les arcs γE et γ² sont des quarts de grands cercles, et sont par conséquent égaux ; observons aussi que γσ est plus petit que γS (parce que le triangle γσS, sensiblement rectiligne, est rectangle en σ), et que ceci a lieu pour les premières divisions. Nous en concluons que, pour qu'il s'établisse une compensation, il faut que des divisions voisines de E soient au contraire plus grandes que celles qui sont proches de ι. Ainsi le mouvement diurne du soleil en ascension droite n'est pas uniforme, c'est-à-dire qu'à chaque passage le cercle horaire sur lequel il se trouve n'est pas éloigné de celui sur lequel il était au passage précédent d'une quantité constante.

Origine des ascensions droites.

Mouvement diurne du soleil en ascension droite.

Les montres et les horloges ne peuvent donc marquer le temps vrai, car il en faudrait autant qu'il y a de jours dans l'année.

Alors on a supposé un soleil fictif S' se mouvant uniformément sur l'écliptique, et partant du périgée en même temps que le soleil vrai S. Puis on a imaginé un troisième soleil S'' parcourant l'équateur d'un mouvement uniforme dans le même temps que S' décrit l'écliptique, et passant au même instant que lui au point γ. C'est le jour de ce dernier soleil fictif, c'est-à-dire l'intervalle qui sépare deux passages consécutifs de ce soleil au méridien d'un lieu, que l'on a pris pour unité de temps, et que l'on nomme *jour solaire moyen.* Connaissant le midi vrai d'un jour, on peut, au moyen de tables spéciales, corriger sa valeur de manière à obtenir le midi

Temps solaire vrai et moyen.

moyen, en lui ajoutant ou en retranchant un nombre variable, l'équation du temps. Cette équation, dans ses plus grandes valeurs, peut s'élever jusqu'à 13 et 14 minutes.

Année tropique. Sa valeur en jours moyens.

Le temps que met le soleil à accomplir sa révolution tropique, en d'autres termes, l'intervalle qui s'écoule entre deux passages consécutifs de cet astre au point γ, est l'année tropique. Sa durée, qui est de 365 jours solaires moyens, 24222, est une période qui ramène pour chaque lieu de la terre les mêmes vicissitudes de saisons, les mêmes moyennes de chaleur et de froid, de sécheresse ou de pluie. Ce temps, subdivisé en un certain nombre de parties égales, devait donc parfaitement convenir pour les usages civils ; il devait ordonner avec une grande régularité les travaux de l'agriculture.

L'année, comprenant 365 ou 366 jours, était divisée par les Romains en douze parties à peu près égales, les mois ; le premier jour de chaque mois en était les calendes (καλειν, appeler, parce que ce jour-là le grand prêtre annonçait quels jours devaient tomber les nones et les ides, autres subdivisions du mois) : c'est de là que vient sans doute

Calendrier.

le nom de calendrier donné à l'ensemble des préceptes qui règlent la longueur de l'année et ses différentes subdivisions.

La formation du calendrier, qui, au premier abord, paraît si simple, présente cependant une très-grande difficulté ; car il faut établir une concordance parfaite entre l'année tropique et l'année civile, tout en soumettant cette dernière à la condition d'avoir un nombre entier de jours.

Ce résultat ne pourra évidemment être atteint qu'en négligeant la partie décimale du nombre 365 j. s. m., 24222, ou en complétant la fraction de manière à obtenir le nombre entier 366. Dans le premier cas, l'année serait trop courte de 0 ʲ· 24222 ; dans le second, elle serait trop longue de 0 ʲ· 75778. Il en résulterait, au bout d'un laps de temps peu considérable, une bien fâcheuse conséquence : l'équinoxe de printemps parcourrait successivement tous les jours de l'année. L'année est-elle trop courte de 0 ʲ· 24222 , et l'équinoxe de printemps arrive-t-il cette année le 21 mars à midi, l'année prochaine il tombera six heures plus tard environ ; dans quatre ans, il arrivera sensiblement, à midi, le 22 mars ; dans 100 ans, il arrivera 0 ʲ· 24222 × 100, ou 24 jours plus tard. L'inverse aurait lieu si l'année était trop longue. Ainsi ce que le calendrier doit surtout offrir, l'accord entre les mois et les saisons, ne saurait exister longtemps.

C'est cependant le défaut que présentait le calendrier des Egyptiens (1800 ans av. J.-C.). Leur année était de 365 jours exactement, et se composait de 12 mois de 30 jours, et de 5 jours complémentaires ou épagomènes. Cette année, à laquelle on a donné le nom si justement mérité de vague , était donc trop courte de 1⧸4 de jour environ ; l'erreur· était de 1 jour en 4 ans, et de 365 jours en 365 × 4, ou 1460 ans. Les Egyptiens reconnurent plus tard cette erreur, mais ils respectèrent leur calendrier, et ils appelèrent période Sothiaque cette durée de 1460 ans, qui devait ramener les dates à leur correspondance primitive avec les saisons.

Dès les premiers temps de Rome, on se servait d'un calendrier emprunté, dit-on, aux Sabins, qui n'était composé que de 10 mois : mars, 31 jours ; avril, 30 j.; mai, 31 j.; juin, 30 j.; quintilis ou 5ᵉ, 31 j.; sextilis, 30 j.; septembre, 30 j.; octobre, 31 j.; novembre, 30 j.; décembre, 30 j.: en tout, 304 jours. La réforme de Numa Pompilius la porta à 355, en y ajoutant au commencement le mois de janvier,

29 j., et à la fin celui de février, 28 j., laissant 31 jours aux anciens mois mars, mai, quintilis et octobre, et fixant tous les autres à 29. Pour mettre cette année en rapport avec l'année solaire, il fixa pour chaque intervalle de 4 ans une intercalation de 22 jours à la seconde année, et une autre de 23 à la quatrième. Le petit mois placé après février se nommait Mercedonius. Il en résultait une série de 1,465 jours pour cette période de 4 ans, et cependant 4 années de 365 jours 1|4 ne contiennent que 1,461 jours ; il y avait donc 4 jours de trop.

Ce calendrier était, on le voit, très-imparfait, et occasionnait de très-graves abus. C'était le collége des pontifes qui fixait chaque année, et parfois arbitrairement, le nombre de jours qu'elle devait avoir ; et comme beaucoup de fonctionnaires publics n'étaient investis de leurs charges que pour un temps déterminé, ils faisaient leurs efforts pour faire tomber les mois supplémentaires pendant la durée de leurs fonctions ; il en résultait des désordres politiques.

Réforme julienne.

Jules César, aidé de l'astronome Sosigène, entreprit de réformer le calendrier. Croyant, d'après Hipparque, que l'année était rigoureusement de de 365 j. 1|4, il résolut de faire les années communes de 365 j., mais d'ajouter tous les quatre ans un jour supplémentaire. Les mois furent disposés dans l'ordre qu'ils ont encore aujourd'hui : janvier, 31 j.; février, 28 j.; mars, 31 j.; avril, 30 j.; mai, 31 j.; juin, 30 j.; juillet, 31 j.; août, 31 j.; septembre, 30 j.; octobre, 31 j.; novembre, 30 j.; décembre, 31 j. Nous avons déjà dit que le 1er de chaque mois s'appelait les calendes ; le 5 était les nones, le 13 les ides ; excepté en mars, mai, juillet et octobre, où les nones étaient le 7 et les ides le 15. Les noms des autres jours se tiraient de leur ordre en rétrogradant, soit avant les calendes, les nones ou les ides. Ainsi le 28 février était nommé *pridié calendas martis* ; le 27, *tertio calendas* ; le 26, *quarto* ; le 24, *sexto*... Or il y avait à Rome une fête dite le Régifuge, en l'honneur de l'expulsion des Tarquins, qui se célébrait le 6 des calendes de mars ou le 24 février. Pour ne pas changer la fête, le jour intercalaire de 4 ans en 4 ans devait être placé entre le 23 et le 24 février, ou bien entre le 7 et le 6 des calendes de mars, et prit le nom de *bis-sexto calendas*, d'où vient celui de bissextiles donné aux années de 366 jours.

Le concile de Nicée adopta ce calendrier en 325. Le calendrier julien, bien supérieur aux précédents, n'est cependant pas parfait ; car l'année tropique n'est pas de 365 j. 1\[4, mais de 365 j. 24222. L'année julienne est donc trop longue ; la différence, si petite, il est vrai, pour une année (0 j. 00778), s'accumule avec leur nombre. Ainsi en 1582, c'est-à-dire 1257 ans après la tenue du concile de Nicée, l'erreur était déjà de $0,00778 \times 1257$, ou de 9 j. 77946, soit 10 jours environ. L'équinoxe de printemps arrivait le 11 mars.

Le pape Grégoire XIII, d'après les conseils d'un savant calabrais, Lilio, eut l'honneur d'exécuter la nouvelle réforme. D'abord il ordonna de supprimer les 10 jours d'erreur, et le 5 octobre 1582 fut appelé le 15 octobre ; puis, comme $0 j. 00778 \times 400$ donne 3 j. 112, il fut convenu que, tout en conservant le mode d'intercalation du calendrier julien, on rendrait ordinaires 3 années bissextiles dans l'intervalle de 400 ans, et pour cela on considérerait comme bissextiles toutes les années dont le nombre formé par les deux derniers chiffres serait divisible par 4... 1584, 1588..., excepté les années séculaires. Sur quatre consécutives, il n'en fallait conserver qu'une de bissextile : ce fut celle qui est encore divisible par 4, après la suppression des deux zéros. Ainsi 1600 fut bissextile; 1700, 1800 ne l'ont pas été ; 1900 ne le sera pas non plus , mais 2000 le sera...

Cette réforme n'est pas encore parfaite, puisque tous les quatre cents ans il y a de trop 0 j. 112 ou 1 jour tous les quatre mille ans; il faudrait retrancher 1 jour tous les quatre mille ans ; mais nous laisserons à notre postérité le soin de faire cette correction.

La réforme grégorienne ou le nouveau style n'a pas encore été adoptée par les Russes et par les Grecs, qui s'en tiennent au calendrier julien ou à l'ancien style, et dont les dates ne s'accordent par conséquent pas avec les nôtres; leur année commence 12 jours après la nôtre (10 jours pour la suppression en 1582, et 2 jours pour 1700 et 1800). De là résulte que le 8 mai, par exemple, ancien style , correspond au 20 mai, nouveau style.

Depuis un édit de Charles IX de 1564, l'année commence le 1er janvier. Les mois ont les mêmes noms et les mêmes nombres de jours que dans le calendrier julien ; mais la division du mois en calendes, nones et ides est supprimée ; les jours sont groupés de sept en sept, de manière à former des semaines; les jours d'une semaine s'appellent :

Lundi, mardi, mercredi, jeudi, vendredi, samedi, dimanche, du nom des astres :

Lune, Mars, Mercure, Jupiter, Vénus, Saturne, le Soleil.

En divisant 365 par 7, on trouve que l'année commune se compose de 52 semaines et un jour ; de sorte que s'il n'y avait pas d'années bissextiles, une période de 7 ans se composerait d'un nombre entier de semaines, 7 fois 52 semaines plus une, ou

365 semaines. Mais, tous les quatre ans, il y a une année bissextile ; donc quatre années valent 52×4 semaines $+1 \times 4$ jours $+ 1$ jour, ou 52×4 semaines $+ 5$ jours ; de sorte que dans 7 fois 4 ans ou 28 ans, il y aura 52×28 semaines $+ 35$ jours, ou un nombre exact de semaines. Cette période remarquable de 28 ans s'appelle un cycle solaire.

Calendrier perpétuel.— Lettre dominicale. — Cela posé, imaginons un calendrier ordinaire pour une année commune où on aurait remplacé partout les jours de la semaine par les sept lettres ABCDEFG. Ecrivons ces lettres, en les répétant dans le même ordre depuis le 1ᵉʳ janvier jusqu'au 31 décembre. Si l'année commence par un vendredi, par exemple, tous les A représenteront des vendredis, tous les B des samedis, tous les C des dimanches, ainsi de suite.

La lettre C, cette année-là, sera la lettre dominicale. Il est à remarquer que, dans une année commune, le nom du premier jour de l'année est aussi celui du dernier, puisque l'année se compose de 52 semaines et 1 jour ; si donc l'année commençait par un vendredi, le premier jour de l'année suivante serait un samedi. La lettre dominicale reculerait d'*un* rang ; elle était C, elle deviendrait B. Mais, tous les quatre ans, il y a un jour de plus, le 29 février, devant lequel on ne met pas de lettre ; de telle sorte que dans ces années-là il y a *deux* lettres dominicales, une pour les mois de janvier et février, et une pour les dix autres mois. La lettre dominicale est-elle C pour les deux premiers mois, elle sera B pour les autres. Il est clair que, tous les 28 ans (cycle solaire), la lettre dominicale se trouve occuper la même place dans le calendrier, puisqu'elle a reculé de $28 + \frac{28}{4}$, ou 7, ou 35, ou 5 fois 7 rangs.

L'an 1 de l'ère chrétienne commençait un samedi ; aussi ne l'a-t-on pas prise pour origine des cycles ; mais le concile de Nicée a adopté l'an 9 avant Jésus-Christ, qui commençait par un lundi.

Cette année 9 avait donc G pour lettre dominicale ; mais il est à remarquer qu'elle était bissextile.

     ..... 9 8 7 6 5 4 3 2 1 1 2 3 4 .....
          +   +   +   +

Donc elle avait aussi pour lettre dominicale, pour les 10 derniers mois, F ; alors nous pouvons écrire le tableau suivant :

Numéros des cycles : 1 2 3 4 5 6 7 8
Lettres dominicales : GF E D C BA G F E
9 10 11 12 13 14 15 16 17 18 19 20 21 22
DC B A G FE D C B AG F E D CB A
23 24 25 26 27 28
G F ED C B A

Si donc on voulait la lettre dominicale de 1862, on diviserait 1862 + 9 ou 1871 par 28 ; on trouverait 66 et 23 pour reste ; donc l'année 1862 serait la 23ᵉ du 66ᵉ cycle, et la lettre dominicale serait G.

Mais nous observerons que nous n'avons pas tenu compte des intercalations grégoriennes ; nous avons trouvé la lettre dominicale ancien style. Il est facile de passer de là à la lettre dominicale nouveau style ; il suffit de remarquer que la réforme grégorienne porte exclusivement sur les dates, et non sur les jours de la semaine. Par conséquent, puisque la lettre dominicale de 1862 serait G, ancien style, le 7 de janvier serait un dimanche ; donc le 7 + 12 ou le 19 janvier est toujours un dimanche.

Alors le calendrier perpétuel

1 2 3 4 5 6 7 8 9 10 11 12 13
A B C D E F G A B C D E F
14 15 16 17 18 19
G A B C D E

montre que la lettre dominicale est un **E**, et, par suite, 1862 a dû commencer par un mercredi.

IX.

La moitié du diamètre apparent de la terre, vue du centre du soleil, ou l'angle AST, s'appelle la parallaxe de cet astre. Par des observations délicates et des calculs trop élevés pour trouver place dans ce petit cours, les astronomes ont déterminé cet élément avec beaucoup d'exactitude. Sa valeur n'est que de 8″,57 ; par suite, les droites AS, TS sont si longues, qu'on peut les regarder comme égales. Donc le rayon terrestre TA peut être considéré, sans erreur sensible, comme un arc de cerclé décrit du point S comme centre avec TS pour rayon. Mais la circonférence entière, dont il fait partie, aurait pour longueur $2\pi \times ST$, $1°$ vaudrait $\dfrac{2\pi \times ST}{360}$ ou $\dfrac{\pi \times ST}{180}$, $1'\ldots\dfrac{\pi \times ST}{180 \times 60}$, $1''\ldots\dfrac{\pi \times ST}{180 \times 60 \times 60}$, et $8'57\ldots\dfrac{\pi \times ST \times 8,57}{180 \times 60 \times 60}$ ou $\dfrac{\pi \times ST \times 8,57}{648000}$: comme cette longueur est égale à TA ou r, on a

$$\frac{\pi \times ST \times 8,57}{648000} = r \text{ ou } ST = \frac{648000}{\pi \times 8,57} \times r = 24068\, r$$

Ainsi la distance moyenne du soleil est 24068 rayons terrestres, ou de 38000000 de lieues de 4 kilomètres en nombre rond. Cette distance est considérable ; pour nous en faire une idée, calculons le temps qu'il faudrait à un homme faisant une lieue par heure pour aller au soleil : il serait de 38000000 d'heures, et en divisant par 24 pour le convertir en jours, et par 365 pour le réduire en années, on trouve 4338 ans.

(Fig. 26.)

On obtiendra maintenant bien simplement le rayon du soleil, car R peut aussi être considéré comme un autre arc de cercle décrit avec le même rayon ST, et comprenant un angle BTS égal à la moitié du diamètre apparent du soleil, ou 16′ environ ; alors les deux arcs R et r sont dans le même rapport que les angles, et l'on a

$$\frac{R}{r} = \frac{16'}{8'',57} = \frac{16 \times 60}{8,57} = \frac{96000}{857} = 112 \text{ ou } R = 112\ r.$$

Donc le rayon du soleil vaut 112 fois celui de la terre.

Comme la distance de la lune à la terre vaut 60 rayons terrestres, si, par la pensée, on transportait le soleil de manière à faire coïncider son centre avec celui de la terre, non-seulement il envelopperait tout l'orbe lunaire, mais il s'étendrait près d'une fois encore plus loin.

Comme les surfaces S et s de deux sphères sont entre elles comme les carrés de leurs rayons, on aura

$$S = 112^2\ s = 12544\ s$$

c'est-à-dire que la surface du soleil est plus de 12000 fois plus grande que celle de la terre.

Rapport du volume du soleil à celui de la terre. De même, comme les volumes V et v de deux sphères sont entre eux comme les cubes des rayons, il vient

$$V = 112^3\ v = 1404928\ v.$$

Ainsi le volume du soleil est plus de 1400000 fois celui de la terre.

Arago raconte qu'un professeur d'Angers, voulant donner à ses élèves une idée sensible de la grandeur de la terre comparée à celle du soleil, imagina de compter le nombre de grains de blé de grandeur moyenne qui sont contenus dans un litre : il en trouva 10000. Conséquemment un décalitre doit en renfermer 100000 ; 14 décalitres, 1400000.

Ayant alors rassemblé en un tas les 14 décalitres de blé, il mit en regard un seul de ces grains, et dit à ses auditeurs : « Voilà en volume la terre et voici le soleil. » Cette assimilation frappa les élèves de surprise infiniment plus que ne l'avait fait l'énonciation du rapport des nombres abstraits 1 et 1400000.

C'est l'attraction du soleil sur la terre qui produit, nous le verrons plus loin, le mouvement de cette dernière sur l'écliptique. Cette attraction dépend, d'après les lois de la gravitation universelle, des masses de ces corps ; on conçoit donc que par le calcul on puisse en trouver le rapport. La masse du soleil est 359000 fois celle de la terre (1). Or, si l'on calcule le poids de cette dernière par les procédés ordinaires de la physique, on trouve qu'il faudrait 10000000000 d'attelages composés chacun de 10000000000 de chevaux pour traîner cette masse sur un sol semblable à celui sur lequel roulent nos voitures. Nous sommes bien loin, on le voit, des notions poétiques de la mythologie, qui n'accordait au char de cet astre qu'un attelage de quatre chevaux pour accomplir sa révolution diurne ! C'est ainsi que la vérité, telle que l'ont découverte les astronomes modernes, se présente à notre esprit sous un aspect bien autrement grandiose que les conceptions les plus brillantes que l'imagination des anciens lui avait substituées dans son ignorance !

En même temps qu'il parcourt l'écliptique, le soleil obéit au mouvement diurne ; il paraît ainsi décrire sur la voûte céleste une courbe héliçoïdale .... γAA′SBB′S′... Les spires de cette hélice sont assez rapprochées pour qu'il soit permis de les re-

Rapport des masses.

(Fig. 27.)

(1) Garcet, *Cosmographie.*

garder comme des parallèles célestes. Ainsi, le jour de l'équinoxe de printemps (le 21 mars), le soleil décrit l'équateur EE', puis il se meut sur des parallèles de plus en plus élevés jusqu'au **22 juin** (solstice d'été), où il parcourt le tropique du Cancer οC, ensuite il revient sur lui-même, et au bout de trois mois, à l'équinoxe d'automne (21 septembre), il décrit de nouveau l'équateur; à partir de ce jour, il se meut sur des parallèles de l'hémisphère austral et s'éloigne de plus en plus de l'équateur; le **22** décembre, il parcourt le tropique du Capricorne, puis remonte vers l'équateur, sur lequel il se trouve de nouveau le 21 mars.

Du jour et de la nuit en un lieu déterminé de la terre, et de leurs durées à différentes époques de l'année. (Fig. 28)

On comprendra maintenant facilement l'inégalité des jours et des nuits en un lieu déterminé de la terre et les vicissitudes des saisons (1).

On appelle ici jour le temps pendant lequel le soleil est au-dessus de l'horizon; nuit, celui pendant lequel il n'est pas visible.

Soit PEP' la sphère céleste, HH' l'horizon d'un lieu, Paris, TZ la verticale; le jour de l'équinoxe de printemps, le soleil parcourt l'équateur EE', qui est partagé par l'horizon en deux parties égales; comme le mouvement diurne est uniforme, le soleil sera autant de temps au-dessus de l'horizon qu'au-dessous, le jour sera égal à la nuit (de là le mot équinoxe). Quelque temps après, le soleil sera sur le parallèle

(1) Dans le centre éclatant de ces orbes immenses,
Qui n'ont pu nous cacher leur marche et leurs
[distances,
Luit cet astre du jour, par Dieu même allumé,
Qui tourne autour de soi sur son axe enflammé.
De lui partent sans fin des torrents de lumière;
Il donne en se montrant la vie à la matière,
Et dispense les jours, les saisons et les ans
A des mondes divers autour de lui flottants.
VOLTAIRE (*Henriade*, chant VII).

AA′, que l'horizon coupe en parties inégales ; il fera jour pendant que le soleil parcourra l'arc $aAa′$, et nuit pendant qu'il achèvera sa révolution diurne $a′Aa$. Plus le parallèle décrit est éloigné de l'équateur, et plus est grand l'excès du jour sur la nuit ; c'est donc quand le soleil sera au solstice d'été et décrira le tropique du Cancer que le jour atteindra sa longueur maxima. Il repassera ensuite par les valeurs précédentes en sens inverse, et redeviendra égal à la nuit lors de l'équinoxe d'automne ; mais, après cette époque, il continuera à diminuer ; la nuit l'emportera sur le jour. Ainsi, quand le soleil décrira le parallèle BB′, le jour correspondra à l'arc $bBb′$, et la nuit à $b′B′b$. Au solstice d'hiver, quand le soleil décrira le tropique du Capricorne, le jour aura sa plus petite valeur ; mais, à partir de ce moment, il ne cessera d'augmenter jusqu'au solstice d'été, et ainsi de suite.

Si on considère différents lieux de la terre, leurs horizons auront des positions différentes relativement à l'équateur céleste ; les durées des jours et des nuits, aux différentes époques de l'année, auront des valeurs variables. Ainsi on voit qu'à l'équateur le jour est constamment égal à la nuit, puisque la verticale du lieu devenant TE, l'horizon passe par la ligne des pôles, et par suite coupe en parties égales l'équateur ainsi que tous les parallèles.

Aux pôles, les jours et les nuits sont de six mois, car, pour le pôle nord, par exemple, la verticale est TP, l'horizon se confond avec l'équateur EE′ ; aussi tous les parallèles que décrit le soleil dans l'hémisphère boréal sont au-dessus de l'horizon ; le soleil est constamment visible depuis le 21 mars jusqu'au 21 septembre ; mais pendant la seconde moitié de l'année, il y a nuit, puisque tous les parallèles que parcourt le soleil dans l'hémisphère austral sont sous l'horizon.

Crépuscule.
(Fig. 29.)

Lorsque le soleil vient de descendre au-dessous de l'horizon d'un lieu P, la nuit ne suit pas brusquement le jour. A ce dernier succède une lumière diffuse qu'on appelle le crépuscule et qui tient à ce que les rayons solaires qui arrivent dans la direction SIM, par exemple, tombent sur les molécules MIN de l'atmosphère, et sont réfléchis par elle vers P, après avoir subi une grande diminution d'intensité. Le crépuscule finit lorsque l'on commence à voir à l'œil nu les étoiles de 5e et 6e grandeur du côté de l'occident ; le soleil est alors sensiblement à 18° au-dessous de l'horizon. Un phénomène semblable se présente avant le commencement du jour : l'aurore annonce le lever du soleil.

Saisons.

Les vicissitudes des saisons sont aussi faciles à expliquer.

(Fig. 30.)

Démontrons d'abord que l'intensité de la chaleur que reçoit une surface augmente quand l'angle que font les rayons avec cette surface croît ; il suffit pour cela de considérer la figure 30. MN étant un faisceau de rayons calorifiques, si à la surface AB, sur laquelle ils tombent perpendiculairement, on substitue A'B' qui les reçoit obliquement, on voit que l'une et l'autre de ces surfaces reçoit toute la chaleur du faisceau ; mais A'B' est évidemment plus grand que AB ; donc une partie de la première surface reçoit moins de chaleur qu'une partie d'égale étendue de la seconde.

(Fig. 31.)

Cela bien compris, soit TZ la verticale d'un lieu, Paris, PZEP' l'intersection de la sphère céleste par le méridien de Paris, HH' la méridienne ; quand le soleil sera au solstice d'été, il parcourra le parallèle σC ; sa hauteur méridienne sera σTH.

Quelque temps après, quand il décrira le parallèle AA', la hauteur méridienne (ATH) aura diminué ; le soleil montera moins au-dessus de l'horizon, ses rayons seront moins intenses, et leur force continuera à décroître jusqu'au solstice d'hiver. Alors les rayons arriveront très-obliquement à l'horizon ; leur hauteur, à midi, ne sera plus que σ'TH. Mais, à partir de ce moment, le soleil va se rapprocher de l'équateur, puis le dépasser pour aller parcourir son parallèle le plus élevé σC ; pendant ce laps de temps, sa hauteur méridienne ira constamment en augmentant ; l'intensité calorifique de ses rayons ne cessera de croître.

Ainsi c'est au solstice d'été que doivent avoir lieu (à Paris) les plus fortes chaleurs, et à celui d'hiver les plus grands froids. L'inégale durée des jours et des nuits contribue aussi beaucoup à ces résultats.

D'après les explications précédentes, il semble résulter qu'à des époques également éloignées des solstices d'été ou d'hiver, la température doit être la même en un lieu déterminé ; mais il en est autrement : l'été est plus chaud que le printemps, l'hiver est plus froid que l'automne, parce que la chaleur et le froid (si l'on peut s'exprimer ainsi) s'emmagasinent, s'accumulent sur la terre, et leur intensité doit être plus grande dans l'été et l'hiver.

En faisant varier la position du lieu sur la surface de la terre, on reconnaîtrait facilement qu'à une même époque la température change d'un lieu à un autre. Plus le lieu est près de l'équateur, plus les rayons solaires arrivent normalement sur l'horizon, et par suite plus leur intensité est grande ; l'inverse a lieu quand le point se rapproche des pôles.

C'est pourquoi l'on a partagé la sphère terrestre (Fig. 32.) en cinq zones par les cercles TT, T'T', GG, G'G', menés, les premiers à **23° 27′** de l'équateur, les seconds à **23° 27′** des pôles. La première, **TTT″T′**, est la zone torride ; **TTGG**, **T′T′G′G′** sont les zones tempérées ; **GGP**, **G′G′P′** sont les zones glaciales.

Les cercles **TT**, **T′T′** sont appelés les tropiques du Cancer et du Capricorne, et les cercles **GG**, **G′G′** sont les cercles polaires arctique et antarctique.

Inégalité de la durée des différentes saisons. (Fig. 33.)

Il est bon de remarquer que les saisons sont d'inégales longueurs, parce que (nous reviendrons là-dessus dans la prochaine leçon) la ligne des solstices **SS″** et celle des équinoxes **S′S‴** qui lui est perpendiculaire ont actuellement les positions de la figure, l'angle STA étant de 9° environ. Or, ces droites partagent l'ellipse en quatre arcs inégaux, et précisément les plus grands sont ceux qui sont parcourus avec la plus petite vitesse. De là résulte que le printemps **S′S″** est de 92 jours 21 heures ; l'été **S″S‴**, de 93 jours 13 heures ; l'automne **S‴S**, de 89 jours 17 heures ; enfin l'hiver **SS′**, de 89 jours 19 heures.

X.

Idée de la précession des équinoxes.

Les ascensions droites et les déclinaisons que présentent les étoiles dans le catalogue d'Hipparque diffèrent notablement, et suivant une loi difficile à saisir, de celles que les astronomes modernes leur ont assignées ; mais en convertissant ces coordonnées en longitudes et latitudes (1), on reconnaît que les latitudes n'ont pas sensiblement changé, et que les longitudes ont toutes augmenté de la même quantité, 27° environ.

(Fig. 34.)

(1) On appelle latitude d'un astre ε la distance εI de cet astre à l'écliptique, comptée sur le méridien d'écliptique $P_1\varepsilon$I, et longitude la distance Iγ du pied du méridien de l'écliptique au point équinoxial de printemps γ.

Ce fait tient à ce que l'axe de la sphère céleste TP (Fig. 34.)
a un mouvement conique autour de la perpendiculaire TP_1 au plan de l'écliptique (l'axe de l'écliptique),
s'effectuant dans le sens rétrograde (celui de la
flèche). La géométrie (1) prouve que $T\gamma$, intersection de l'équateur et de l'écliptique, est perpendiculaire sur le plan PTP_1. Si donc TP prend la position
TP', la droite $T\gamma$ tourne dans le même sens et vient
en $T\gamma'$ (l'angle $\gamma T\gamma'$ étant celui du dièdre PP_1TP'),
le point équinoxial du printemps a rétrogradé de
$\gamma\gamma'$; la latitude de l'étoile ε est toujours εI, mais **sa**
longitude est devenue $\gamma'I$ au lieu de γI; elle a aug-
menté de $\gamma\gamma'$.

La rotation de l'axe du monde autour de TP s'accomplit en 26000 ans ; ce mouvement est donc de
50″ environ par an.

On doit remarquer, d'après cela, que le soleil, partant du point équinoxial du printemps γ, y revient
avant d'avoir parcouru complétement l'écliptique ;
il s'en faut de l'arc qui correspond à 50″. De là
vient le nom de précession des équinoxes donné à
ce phénomène. Il en résulte que l'année tropique
de 365 j. 24222 est un peu plus courte que l'année
sidérale, qui est de 365 j. 25638.

Depuis Hipparque (120 ans avant J.-C.), le point
équinoxial γ a rétrogradé de 27° environ ; aussi,
quand le printemps commence, le soleil n'entre pas,
comme autrefois, dans la constellation du Bélier,
mais dans la précédente, celle des Poissons. Les
astronomes disent qu'il se trouve dans le signe du

(1) En effet, le plan PTP_1 passant par TP et TP_1 est
perpendiculaire aux plans de l'équateur et de l'écliptique, et réciproquement ces deux derniers, et par
suite leur intersection $T\gamma$, sont perpendiculaires à
PTP_1.

Bélier ; la constellation du Bélier s'appelle alors le signe du Taureau, et ainsi de suite.

On voit aussi que le pôle (1) décrivant le cercle PP', l'étoile qui est polaire maintenant cessera, au bout d'un certain temps, de l'être ; dans 12000 ans, ce sera la belle primaire Wéga de la Lyre qui coïncidera sensiblement avec le pôle.

Mouvement réel de la terre autour du soleil. Si le mouvement diurne de la sphère céleste est une conséquence de la rotation de la terre autour de son axe, ne pourrions-nous aussi expliquer tous les phénomènes que vient de nous fournir l'étude du soleil, en admettant l'immobilité de ce corps, à la condition de douer notre globe d'un mouvement de circulation ? La masse du soleil surpasse tellement celle de la terre, que nous comprenons difficilement qu'il lui obéisse, au lieu de lui commander en maître. Les plus simples notions de mécanique conduisent à cette conclusion : lorsqu'on lance (2) de bas en haut deux pierres réunies par un cordon, on les voit circuler autour d'un point compris dans l'intervalle qui les sépare, et qui est leur centre commun de gravité. Si l'une est beaucoup plus pesante que l'autre, le centre de gravité sera d'autant plus rapproché de la première, et pourra même être situé dans son intérieur ; de sorte que la petite paraîtra circuler seule autour de la grande, qui n'éprouvera que de faibles déplacements.

(1) Pôle immobile aux yeux, si lent dans votre course,
Fuyez le char glacé des sept astres de l'Ourse :
Embrassez, dans le cours de vos longs mouve-
[ments,
Deux cents siècles entiers par delà six mille ans.
  VOLTAIRE (*Épitre* à Mme la marquise
   du Châtelet sur la philosophie de
   Newton).
(2) Sir John Herschel.

Voyons d'abord si, dans les deux hypothèses, le soleil paraîtra parcourir les mêmes constellations dans le même ordre.

La terre T est-elle supposée immobile, et le soleil décrit-il dans le sens direct l'ellipse ss's″s‴..... nous croirons le voir sur la sphère céleste successivement en S,S′,S″,S‴. Au contraire, le soleil est-il fixe en s, et la terre se meut-elle aussi dans le sens direct sur l'ellipse semblable TT′T″T‴ ; lorsqu'elle sera en T′ (T′s étant parallèle à Ts′), le soleil paraîtra en σ′ ; or les deux points S′, σ′ se confondent à cause de leur distance infinie à la terre, car Ts, et à plus forte raison la distance des deux parallèles TS′, T′σ′, doit être considérée comme nulle : ces deux lignes sont donc couchées l'une sur l'autre. (Fig. 35.)

Remarquons que la symétrie de la figure donne ss′=TT′, par suite l'aire TsT′=l'aire sTs′ ; par conséquent, c'est au bout du même temps que, dans chacune des hypothèses, la terre verra le soleil à la même place sur la sphère céleste. De même, lorsque la terre sera en T″ (TT′T″ étant égal à s s′s″), elle verra le soleil en σ″ ou bien en S″...., ainsi de suite. Ainsi on verra le soleil parcourir les mêmes constellations dans le même ordre et avec la même vitesse ; enfin ses distances à la terre à chaque époque resteront aussi les mêmes, car la symétrie de la figure donne

$$Ts′=T′s \qquad Ts″=T″s....$$

Poursuivons l'étude de la théorie copernicienne, nous verrons comment le double mouvement de la terre permet d'expliquer les vicissitudes des saisons et l'inégalité des jours et des nuits.

La terre décrit, dans l'espace d'un an, une ellipse TT′T″T‴, dont le soleil occupe l'un des foyers S, en même temps qu'elle tourne 365 fois $\frac{1}{4}$ environ autour d'elle-même. (Fig. 36.)

A ces deux mouvements, Copernic en ajoutait un troisième pour maintenir le parallélisme constant de l'axe terrestre. En effet, pendant le cours d'une année, la ligne des pôles de la terre reste sensiblement parallèle à une droite fixe SH faisant avec SI (perpendiculaire à l'écliptique au point S, axe de l'écliptique) un angle constant de 23° 27′ ; mais il est maintenant démontré que le mouvement de circulation d'une sphère autour d'un centre et son mouvement de rotation sur elle-même sont tout à fait indépendants l'un de l'autre.

Galilée lui-même (1) montra, par une expérience très-ingénieuse, l'indépendance des deux mouvements en question ; il prouva, dans son troisième dialogue, qu'une sphère peut être douée d'un mouvement de révolution plus ou moins rapide autour d'un centre plus ou moins éloigné, sans cesser de rester parallèle à elle-même. Pour cela, ayant placé une sphère dans un vase rempli d'eau, il prit ce vase dans sa main, et, le bras tendu, il lui donna un prompt mouvement de révolution autour de sa personne en tournant sur ses talons. Le mouvement de rotation n'empêcha pas les parties de la sphère flottante de rester toujours dirigées vers les mêmes regions de l'espace.

Le plan déterminé par les droites SI, SH coupe celui de l'écliptique suivant une droite TT″, qui fait actuellement avec le grand axe de l'ellipse un angle AST d'environ 9° : c'est la *ligne des solstices*, et la droite T″T‴, qui lui est perpendiculaire, est la *ligne des équinoxes*.

Le parallélisme de l'axe de la terre et son inclinaison sur l'écliptique conduisent à des résultats très-importants ; les lignes ST, ST″, ST‴, ST‴...,

____

(1) Arago.

suivant lesquelles le soleil nous envoie ses rayons, présentent des inclinaisons différentes avec l'équateur de la terre. Ainsi en T, au solstice d'hiver, les rayons solaires tombent au-dessous de l'équateur, et la géométrie (1) apprend que l'angle ST*e* est égal à HSI, c'est-à-dire à **23° 27'**. En T''', au solstice d'été, ils tombent au contraire au-dessus de l'équateur et font avec lui le même angle de **23° 27'**. Entre ces deux positions de la terre, les rayons se sont rapprochés de plus en plus de l'équateur ; en T', à l'équinoxe de printemps (2), ils sont arrivés parallèlement à l'équateur, et, à partir de là, ils se sont continuellement élevés au-dessus de ce plan, et ont atteint leur inclinaison maxima en T''. De T'' en T'''' et en T, l'inclinaison des rayons solaires sur l'équateur repasse par les mêmes valeurs que de T en T'', mais en sens contraire ; ainsi elle va d'abord en diminuant ; elle est nulle en T''', et enfin les rayons tombent au-dessous de l'équateur, et l'inclinaison va en augmentant jusqu'en T, où elle a sa plus grande valeur.

Supposons alors la terre au solstice d'été, par exemple, si l'angle SOE est de 23° 27', SO sera la direction des rayons solaires ce jour-là. Soit *p* un lieu, Paris, *hh'* son horizon ; les rayons solaires feront avec la verticale *pz* l'angle *spz*. Si maintenant, ce qui a lieu effectivement, l'inclinaison des

(Fig. 37.)

---

(1) SI, perpendiculaire à l'écliptique, est perpendiculaire à ST, et SH, parallèle à TH, est perpendiculaire à T*e* ; donc les angles ISH, ST*e* sont égaux comme ayant les côtés respectivement perpendiculaires.

(2) L'écliptique et le plan ISH étant perpendiculaires, puisque SI est perpendiculaire à l'écliptique, la droite ST', située dans l'un d'eux, et perpendiculaire à leur intersection TT'', est perpendiculaire à l'autre plan ISH, et, par suite, à SH ou à sa parallèle T'*h'* ; elle est donc dans l'équateur de T'.

rayons solaires sur l'équateur diminue, et qu'ils prennent la direction S'O, alors l'angle S'pz qu'ils font avec la verticale de Paris, augmente; donc leur intensité calorifique diminue. Il est clair qu'elle va diminuer de plus en plus jusqu'au solstice d'hiver, où les rayons solaires auront la direction S"O, l'angle S"OE étant de **23° 27'**. Mais, à partir de ce moment, les rayons solaires vont se rapprocher de l'équateur, puis le dépasser pour aller prendre leur position la plus élevée SO; pendant ce laps de temps, l'angle qu'ils feront avec la verticale de Paris ira constamment en diminuant, et, par suite, l'intensité calorifique ne cessera de croître.

Nous expliquerons tout aussi facilement l'inégalité des jours et des nuits.

(Fig. 38.)

Soit le lieu p (Paris), ce point décrit, dans l'espace d'un jour, le parallèle pp'. Alors la terre est-elle à l'équinoxe de printemps, les rayons solaires arrivent parallèlement à l'équateur EE'; par conséquent la moitié PEP' de la terre sera éclairée, et l'autre moitié dans l'ombre; le cercle (1) PHP' (cercle d'illumination), qui limite la partie éclairée, partageant tous les parallèles en deux parties égales, et le mouvement de la terre autour de son axe étant uniforme, chaque point de la terre, et en particulier

(Fig. 39.)

(Fig. 40.)

(1) Quand une sphère lumineuse S est placée devant une autre opaque, une partie de cette dernière est éclairée, l'autre est obscure. Pour obtenir la ligne de séparation entre l'ombre et la lumière, imaginons un cône tangent à la fois aux deux sphères; il touche la sphère T suivant une circonférence qui est le cercle d'illumination, et il est à remarquer que si S est le soleil, T la terre, la distance de ces deux corps est assez grande pour que les rayons que reçoit la terre soient sensiblement parallèles; alors le cône devient un cylindre, et le cercle d'illumination est perpendiculaire en T à la ligne des centres ST des deux sphères,

Paris, se trouvera exposé aux rayons solaires pendant le même temps qu'il en sera privé ; les jours
pour toute la terre seront égaux aux nuits.

Supposons maintenant que les rayons solaires
aient la direction S'O (S'OE étant plus petit que
23° 27′); le cercle d'illumination coupe le parallèle
pp' en deux parties inégales, et l'on voit que le point p
restera plus longtemps soumis aux rayons solaires
que dans l'ombre; le jour sera plus grand que la
nuit, et la différence augmentera au fur et à mesure
que le soleil s'approchera du solstice d'été. A ce
moment, le jour atteindra sa plus grande valeur ;
ensuite, les rayons se rapprochant de EE', le cercle
d'illumination II′ se rapprochera de PHP′; à l'équinoxe d'automne, il y aura coïncidence, les jours re-
deviendront égaux aux nuits.

Les rayons solaires arriveront ensuite dans une
direction telle que S″O; le cercle II′ prendra la position $I_1I'_1$; la partie du parallèle de p qui est éclairée est plus petite que l'autre ; donc les jours seront
plus petits que les nuits. Ils diminueront jusqu'au
solstice d'hiver, puis ils commenceront à augmenter
jusqu'à l'équinoxe de printemps, et repasseront ensuite par les mêmes phases qu'ils ont présentées
pendant tout le cours de l'année.

Le phénomène de la précession des équinoxes
provient de ce que la ligne SH, à laquelle l'axe de la
terre est constamment parallèle, tourne autour de SI
en décrivant un cône. Cette révolution conique, que
Laplace a expliquée par l'attraction de la lune, du
soleil et des planètes sur le renflement équatorial de
la terre, s'effectue dans 26,000 ans ; de sorte que le
plan ISH tournant autour de SI, la droite TT″, qui
est son intersection avec l'écliptique, tourne autour
de S, et par suite aussi la ligne des équinoxes T'T‴
qui lui est perpendiculaire. Ainsi, le point équi-

(Fig. 36.)

noxial de printemps T′ va en rétrogradant de 50″ environ par an.

Nous ne pouvons terminer l'étude du soleil sans dire quelques mots sur sa constitution physique. L'observation un peu exacte de cet astre ne date que du commencement du xviie siècle. Auparavant, c'était un foyer continuel, un char de feu éternellement alimenté. La poésie faisait de son mieux pour donner une idée de ce corps éclatant; mais nos télescopes sont ici de beaucoup préférables à l'imagination des poëtes, et Fabricius, Galilée, Scheiner, en découvrant les taches du soleil, nous ont conduits à faire sur sa nature physique des hypothèses assez acceptables, en même temps qu'elles nous ont appris qu'il était doué d'un mouvement de rotation autour d'un axe en 25 jours et demi et dans le sens direct.

Les taches sont entourées d'une bande lumineuse, la *pénombre*, autour de laquelle se trouvent des lignes plus brillantes que les autres parties du soleil, les *facules*. Les taches, dont quelques-unes nous apparaissent sous des angles de près de 1′, ont, par suite, plus de 10,000 lieues de diamètre, et comme souvent elles se dissolvent et reparaissent dans l'intervalle de quelques jours, on est porté à admettre que ces phénomènes gigantesques se passent dans un milieu peu résistant, tel qu'une substance gazeuze; du reste, la faible densité du soleil et sa température si élevée conduisent à la même conclusion. Mais nous ne pouvons pas décider si le soleil, comme les planètes, se compose d'un noyau solide et sphérique, entouré d'une atmosphère, ou s'il y a partout continuité dans ce globe, la densité diminuant du centre à la surface. Le première hypothèse est cependant plus admissible, et, d'après sir William Herschel, elle permet d'expliquer les taches; en admettant que le noyau opaque est entouré de deux atmosphères ; la plus voisine du noyau ne serait pas lumineuse et serait douée d'un très-grand pouvoir réflecteur ; au-dessus d'elle s'en trouverait une autre très-lumineuse, que, comme la première, l'on doit se représenter comme des flocons de nuages perpétuellement en mouvement. Supposons alors un déchirement de ces nuages ; le noyau obscur du soleil apparaîtra comme une tache noire entourée de la pénombre. Cette dernière, dont les bords sont très-brillants, serait formée par l'atmosphère intermédiaire réfléchissant la lumière de la photosphère. Les éclaircies dont nous venons de parler seraient produites par des éruptions de matières gazéiformes, parties du noyau solide.

Le soleil est-il habitable ? Cette question est aussi difficile à résoudre que la précédente ; Laplace le croit. Le noyau peut, en effet, être solide, ou du moins encroûté comme la terre et être protégé de la chaleur énorme de la photosphère par l'atmosphère nuageuse qui est douée d'un grand pouvoir réflecteur. La chaleur du globe peut être supportable, et cet astre peut être peuplé d'êtres à peu près semblables à nous. Mais nous sommes aussi portés à croire que le noyau lui-même est en fusion, et alors la vie, telle du moins que nous la comprenons, est impossible sur le soleil.

XI.

LUNE.

L'astre qui, après le soleil, a dû surtout attirer l'attention des astronomes, est sans contredit la *lune*. Nous reconnaîtrons cependant bientôt que, parmi les corps de notre système planétaire, elle n'a droit qu'au troisième rang, car elle est asservie à notre terre dont elle suit les destinées, dont elle n'est en un mot que l'humble *satellite*.

Mais sa proximité de notre globe lui donne une importance réelle. C'est ainsi qu'à la distance du soleil, elle serait quatre cent fois moins grosse que ce corps, elle ne deviendrait qu'un simple point sur la sphère céleste, tandis qu'elle peut rivaliser avec l'astre du jour, sinon pour l'éclat, du moins pour la largeur de son disque : elle présente un diamètre apparent à peu près égal à celui du soleil, variant de 29′ 22″ à 33′ 34″.

La lune dispense à la plupart de nos nuits une douce lumière que tous les poëtes chantent à l'envi ; mais elle n'est pas toujours également généreuse ; elle se présente à nous sous des formes très-variées : tantôt c'est un croissant très-délié, tantôt un demi-cercle brillant, tantôt encore un disque entier auquel le vulgaire prête la forme d'une face humaine passablement bouffie.

La cause de cette diversité de formes sous lesquelles nous apercevons la lune a été découverte par des philosophes de l'antiquité ; Thalès et Aristarque n'ont pas hésité à soutenir que notre satellite n'a pas de lumière propre, mais qu'elle réfléchit vers nous une partie de celle que lui envoie le soleil.

Cette opinion leur permit d'établir la théorie des phases de la lune, telle que la présentent les astronomes de nos jours. Pour rendre cette explication plus facile, nous admettrons que la lune décrit autour de la terre un orbite plane et circulaire, que le plan de cette courbe se confond avec celui de l'écliptique, et que, pendant le temps nécessaire à la production de toutes les phases (une lunaison), la terre reste immobile, ou , ce qui revient au même, que les rayons solaires conservent la même direction TS. Les deux premières hypothèses ne modifient pas sensiblement les résultats auxquels nous allons être conduits, car l'orbite lunaire est une ellipse fort peu excentrique, et son plan fait un angle bien faible avec l'écliptique (5° 9'). Quant à la troisième, elle est plus grave ; car, pendant une lunaison, la terre décrit à peu près la douzième partie de son orbite, et les rayons solaires changent notablement de direction pendant ce temps; néanmoins cette supposition ne fait que diminuer un peu la durée de chaque phase, mais ne change ni leur ordre, ni leur nature.

Cela posé, soient T la terre , ABCDEFGH l'orbite lunaire, SAT la direction constante des rayons solaires. (Fig. 41.)

Pendant quelques jours on n'aperçoit la lune d'aucun point de notre globe : c'est lors de la conjonction (1), lorsque cet astre est en A; la partie éclairée, tournée du côté du soleil, n'est pas visible pour la terre ; la lune est *nouvelle.* Quelque temps après, on voit le disque faiblement éclairé sur le bord et présentant l'aspect d'un croissant dont les pointes sont opposées au soleil. Le croissant s'agrandit de plus en plus, et lorsque notre satellite est en C, à 90° du soleil, on voit la moitié de son disque ; il est

(1) Lorsque le soleil, la lune et la terre sont dans un même plan , il y a conjonction ou opposition , suivant que ces trois corps sont dans l'ordre S,L,T ou S,T,L.

alors à son premier quartier ou en *quadrature*. La partie éclairée visible de la terre continue à augmenter, et enfin en E , lors de l'opposition, la lune est *pleine;* son disque est complétement brillant. A partir de là, l'astre s'avançant sur son orbite, la partie illuminée visible de la terre commence à décroître, comme on le voit en F ; en G, la moitié seulement est visible, et la lune est à son dernier quartier ou à son déclin ; enfin elle offre de nouveau l'aspect d'un croissant qui va sans cesse en diminuant jusqu'à la nouvelle lune.

La nouvelle et la pleine lune s'appellent ordinairement syzygies ; le premier et le dernier quartier portent le nom de quadratures.

Lorsque la lune est près d'être nouvelle ou vient de l'être, et que, par conséquent, elle a la forme d'un croissant très-délié, le reste du disque présente une teinte pâle qu'on appelle lumière cendrée. Les anciens croyaient que la lune était par elle-même phosphorescente, de sorte que c'était cette lueur qu'offrait la partie du disque qui, d'après la théorie, aurait dû être obscure ; mais alors pourquoi ce phénomène n'aurait-il lieu que vers la conjonction ? C'est Mœstlin (1), celui que Képler appelait son maître, qui trouva le premier la véritable explication de la lumière cendrée, en remarquant que lorsque la lune a une position I intermédiaire entre B et A, par exemple, la partie *mn* reçoit la lumière qui lui est réfléchie par la terre et nous la renvoie. Or précisément à cette époque la moitié de notre globe éclairée par le soleil se trouve presque toute en face de *mn*. On comprend que la lumière éprouve par cette double réflexion une diminution notable d'intensité, et *mn* doit paraître très-faiblement éclairée. On doit aussi observer que le croissant semble d'un diamètre plus grand que la partie ob-

(1) Arago.

scure de la lune. Cette dilatation apparente du croissant lumineux est un effet d'irradiation; la lumière éclatante du croissant déborde dans tous les sens et élargit le disque de la lune.

Quand on observe attentivement la lune pendant quelques heures, on reconnaît qu'elle se déplace parmi les étoiles. Elle a un mouvement propre en ascension droite et un autre en déclinaison. Le premier de ces deux mouvements est le plus appréciable; il est treize fois plus rapide que le mouvement apparent du soleil. Une étoile, le soleil et la lune se présentent-ils un jour en même temps au méridien, le lendemain, lorsque l'étoile reparaîtra dans le même plan, déjà le soleil et la lune se seront portés vers l'orient; le soleil aura décrit un arc de près de 1°, et la lune en aura parcouru un dont la valeur moyenne est de 13° 10′ 35″; le surlendemain, ces distances se trouveront doublées, et ainsi de suite.

En déterminant chaque jour pendant tout le temps de la révolution de la lune autour de la terre, son ascension droite et sa déclinaison, et rapportant ces coordonnées sur une sphère en carton, comme nous l'avons déjà fait pour le soleil, on obtient, en joignant ces points, une ligne qui est *sensiblement* un grand cercle de la sphère céleste, incliné sur l'écliptique de 5° 9′ environ. Les points d'intersection de l'orbite lunaire avec l'écliptique s'appellent les *nœuds* de la lune. Celui où se trouve cet astre, lorsqu'il va du sud au nord de l'écliptique, est le nœud ascendant ☊; l'autre est le nœud descendant ☋. Ces nœuds ne sont pas tout à fait diamétralement opposés; ils rétrogradent en effet comme les points équinoxiaux, mais bien plus rapidement, car ils font leur révolution en 18 ans ⅔ environ.

(Fig. 42.)

Le temps de la révolution sidérale de la lune c'est-à-dire celui qui s'écoule depuis son passage dans le

Révolutions sidérale et synodique.

cercle horaire d'une étoile jusqu'à son retour à ce même plan, est de **27 j. 7 h. 43 m.**

Le temps qui sépare deux conjonctions ou deux oppositions consécutives est la révolution synodique. Il est clair qu'elle doit être un peu plus longue que la révolution sidérale ; car supposons que la terre étant en T sur son orbite, il y ait à ce moment conjonction, et que par conséquent la lune soit en L; si la conjonction suivante a lieu quand la terre est arrivée en T', il est évident que la lune a fait plus d'une révolution autour de la terre ; elle a décrit 360°, plus l'arc λL' (T'λ étant parallèle à TL). La lunaison moyenne est de **29 j. 53 m.**

(Fig. 43.)

XII.

Orbite décrite par la lune autour de la terre. Dans la leçon précédente, nous avons regardé l'orbite lunaire comme un cercle ; il n'en est pas tout à fait ainsi ; c'est sensiblement une ellipse dont la terre occupe un des foyers. Les variations du diamètre apparent et de la vitesse angulaire de la lune conduisent à ce résultat. Du reste, cette ellipse est très-peu excentrique, elle approche beaucoup du cercle.

Distance de la lune à la terre. La distance de la lune à la terre, lorsqu'elle est au *périgée*, est de **56 r. t., 6**, et lorsqu'elle est à son *apogée*, de **63 r. t., 16**. On mesure ces distances par le procédé indiqué précédemment pour le soleil; la parallaxe moyenne est de **57'**. Les nombres que nous venons de donner permettent d'estimer à **60 r. t.** la distance moyenne de notre satellite.

Diamètre réel et volume de la lune. Sa masse. On détermine aussi facilement son rayon; il est à celui de la terre comme 3 est à 11, c'est-à-dire sensiblement le quart du rayon terrestre. Il résulte de là que le volume de la lune est à celui de la terre comme le cube de 3 est au cube de 11, ou comme 27 est à 1331, c'est-à-dire que la lune est environ

49 fois moins grosse que la terre. Enfin le calcul montre qu'elle a une masse 81 fois moindre que celle de notre globe.

En examinant la lune avec un télescope, on voit sur son disque un grand nombre de taches dont les unes changent avec les phases, se reproduisant périodiquement avec elles, et les autres sont permanentes de forme et de position. Ces dernières prouvent que notre satellite nous présente toujours la même face, et par suite met précisément le même temps à circuler autour de la terre qu'à tourner sur lui-même. Et en effet, si, lorsqu'il est en L, son disque offre une tache centrale, par exemple a, quand il sera en L', la tache sera encore au centre en a_1 mais si la lune s'était mue parallèlement à elle-même, le rayon La aurait la nouvelle position L'a' parallèle à La; la tache aurait paru se mouvoir vers l'orient de a_1 en a'; donc, pour expliquer son immobilité, il faut bien admettre que, pendant ce temps, le rayon L'a' a tourné autour du centre L' dans le sens direct (celui de la flèche), et avec une vitesse angulaire égale à celle de la lune sur son orbite (puisque l'angle a'L'a_1 = LTL', comme alternes internes par rapport aux parallèles TL, L'a', et à la sécante TL'). Ainsi le double mouvement de la lune peut être assimilé à celui d'une personne tournant autour d'une table ronde, en faisant toujours face au centre; elle circule en pivotant sur elle-même, et ses deux rotations s'effectuent dans le même temps.

Les taches qui changent de forme et de grandeur et se reproduisent périodiquement à chaque lunaison sont des projections d'ombres de montagnes de la lune. Elles sont toujours derrière des points brillants qui se trouvent entre elles et le soleil; elles diminuent à mesure que les rayons solaires frappent ces points plus perpendiculairement, et finissent par disparaître à l'époque de l'opposition. De la longueur de ces ombres on déduit facilement la hauteur des montagnes qui les produisent, et l'on trouve que quelques-unes ont au moins six à sept mille mètres, comme certains pics de l'Himalaya ou des Cordillères. Presque toutes ces montagnes ont l'aspect de nos volcans de Bohême et d'Auvergne ; elles sont rangées en cercles de 12 à 15 lieues de diamètre ; aux centres se trouvent des cavités profondes, au fond desquelles ne pénètre pas la lumière oblique du soleil, et qui donnent lieu aux taches permanentes ; enfin au milieu de ces *cirques* s'élève ordinairement un piton à pentes roides. Ces montagnes sont d'ailleurs très-nombreuses ; mais le reste du globe présente au contraire l'aspect de grandes plaines grisâtres très-bien nivelées, que les anciens astronomes prenaient pour des mers. Aujourd'hui les observations d'éclipses de soleil et d'occultations d'étoiles par la lune ont prouvé qu'elle ne possédait pas d'atmosphère, et par suite point de mers, puisque leur eau se vaporiserait, et leurs vapeurs, ne supportant aucune pression, formeraient une couche gazeuse autour de ce globe.

La lune paraît donc avoir été profondément tourmentée par des actions volcaniques, et ne présente plus qu'un sol aride et desséché. Si nous remarquons aussi que les nuits et les jours y sont quinze fois plus longs que sur la terre, et qu'une chaleur excessive succède presque brusquement à un froid très-intense nous serons portés à admettre que la lune ne peut être habitée, ou du moins par des êtres semblables à nous.

Fontenelle croyait à l'habitabilité de la lune, et à ceux qui lui objectaient l'incompatibilité de son opinion avec celle de la postérité d'Adam, qui évidemment n'avait pu s'étendre jusqu'à la lune, il répondait : « Il vous plaît de mettre des hommes dans la lune ; moi, je n'y en mets point : j'y mets des habitants qui ne sont point du tout des hommes. »

Disons maintenant un mot de l'influence de notre satellite sur la terre. Tout le monde sait que l'attraction de la lune combinée avec celle du soleil donne lieu au grand phénomène des marées , sur lequel nous reviendrons plus loin. Mais faut-il choisir une lune et un temps de sa période pour couper du bois , planter, semer, cueillir, saigner, purger, couper les cheveux , rogner les ongles ?... Les hommes ont de tout temps obéi à ces préceptes absurdes qui les assujettissaient aux exigences les plus minutieuses , contrariaient le plus souvent leurs opérations agricoles , amenaient les déceptions et les malheurs. Maintenant la science se propage , et si elle nous conduit à la connaissance de la vérité , si elle satisfait notre intelligence , elle pourvoit aussi à nos intérêts matériels et augmente notre bien-être : les préjugés tombent , la raison deviendra le seul guide de l'homme.

Il y a cependant encore des croyants à l'influence de la nouvelle lune sur le temps ; le vieux proverbe : « Si la lune renouvelle au beau , dans trois jours on aura de l'eau , » est encore respecté ; et cependant les registres météorologiques qu'on tient depuis plus d'un demi-siècle à l'observatoire de Paris , et qui ont été compulsés par M. Bouvard , ont parfaitement démontré que les phases n'ont aucun rapport avec les changements de temps.

Mais la lune rousse (1) , peut-on révoquer en doute ses désastreux effets? Lorsqu'elle brille claire et radieuse , c'est alors qu'elle est le plus irritée contre nos moissons ; quand au contraire elle se cache timide derrière les nuages , elle n'est plus à craindre , tout va à merveille. En énonçant ce fait, les agriculteurs sont parfaitement dans le vrai, mais

____

(1) Qui commence en avril et finit en mai.

ils se méprennent sur sa cause. En effet, en concentrant les rayons de la lune, au moyen d'un réflecteur, sur un thermomètre très-sensible, cet instrument n'accuse aucun abaissement de température; la lune n'a donc pas, comme on le pense à tort, de vertu frigorifique; elle est incapable de geler ou *roussir* les jeunes pousses. Mais M. Wels a reconnu que, par une nuit sereine, la température de certains corps, des végétaux en particulier, pouvait s'abaisser bien au-dessous de celle de l'air ambiant; la gelée observée est donc provoquée par un fort rayonnement que les nuages seuls peuvent diminuer en réfléchissant vers la terre une partie de la chaleur qui se serait perdue dans les espaces célestes.

Pour terminer l'étude de la lune, nous devons essayer d'expliquer pourquoi elle paraît plus grosse à l'horizon qu'au zénith. C'est évidemment une pure illusion, car non-seulement le diamètre apparent de cet astre n'est pas plus grand, mais il est même un peu plus petit. En effet, dans le premier cas, la distance de la lune à l'observateur est à peu près égale à celle qui la sépare du centre de la terre, tandis que, dans le second, elle est moins éloignée de nous que du centre de tout un rayon terrestre; or la distance de notre satellite au centre de la terre n'est que de 60 rayons terrestres; donc elle se trouve diminuée de $\frac{1}{60}$, et le diamètre apparent augmenté en proportion.

Le grossissement que présente le disque lunaire à l'horizon provient probablement de ce que les rayons de lumière qu'elle nous envoie, traversant une étendue beaucoup plus considérable de l'atmosphère, éprouvent une plus grande atténuation. Cette diminution d'intensité est de plus augmentée par les épaisses vapeurs qui s'étendent sur l'horizon. Aussi nous croyons à un éloignement de la lune, et cette illusion est sans doute fortifiée dans notre esprit par la possibilité où nous sommes d'établir un rapport de distance entre cet astre et nous par l'intermédiaire des objets, arbres, maisons... qui se trouvent alors sur la direction de notre rayon visuel. Comme le diamètre apparent de la lune, l'angle O, reste sensiblement le même, qu'elle soit à l'horizon ou au zénith, on voit que, l'objet AB ne pouvant s'éloigner qu'à la condition de grandir, le grossissement du disque de la lune est une conséquence forcée de son éloignement; l'une de ces illusions entraîne nécessairement l'autre. On peut expliquer de la même manière les grossissements qu'offrent à l'horizon le soleil et les constellations

(Fig 45.)

XIII.

L'interposition passagère de la terre entre la lune et le soleil, ou celle de la lune entre la terre et le soleil, produisent les éclipses (1) de lune ou de soleil. Les rayons solaires, arrêtés par notre globe ou par la lune, ne peuvent, dans le premier cas, atteindre notre satellite, et, dans le second, arriver jusqu'à nous. Les éclipses de lune ne peuvent évidemment se présenter que lors des oppositions, et celles de soleil au moment des conjonctions.

Notions sur les éclipses de lune et de soleil.

Pour bien comprendre ces phénomènes curieux, il faut montrer d'abord comment derrière un corps opaque éclairé se forment toujours une ombre et une pénombre. Supposons donc une sphère opaque B exposée aux rayons d'une sphère lumineuse A plus grosse qu'elle; le corps B donne un cône d'ombre *mon*, qu'on obtient en menant la tangente extérieure M*m* commune aux deux cercles MA, *m*B, et faisant tourner toute la partie de la figure qui est au-dessus de AO autour de cette ligne : les demi-

(Fig. 46.)

(1) Εκλειψις, défaillance.

cercles supérieurs engendreront les sphères, et la tangente, un cône MON tangent à ces sphères. La partie *mon*, qui est le cône d'*ombre pure*, ne recevra évidemment aucun des rayons qui émanent de A. En menant la tangente intérieure *p*P' aux cercles A et B, et faisant tourner de nouveau la figure autour de AB, elle engendrera un autre cône IRR', et il est facile de voir qu'un point G de la partie de ce cône qui n'est pas occupée par le cône d'ombre pure ne reçoit pas toute la lumière de la demi-sphère A qui lui est opposée, mais seulement celle qu'envoie la partie MV. Aussi dit-on qu'il est dans la *pénombre* (*penè umbra*).

Eclipses de lune. — Cela posé, si S est le soleil, T la terre, derrière cette dernière se forme un cône d'ombre TI dont il est facile de calculer la longueur; on trouve qu'elle varie entre 213 et 220 rayons terrestres, tandis que la distance de la lune à la terre a pour limites 56 et 63 rayons terrestres. Donc, sous ce rapport, la lune peut pénétrer dans le cône d'ombre.

Si maintenant on détermine la largeur du cône à la distance de 63 rayons terrestres, ou, ce qui revient au même, l'angle M'TM, on trouve qu'il est supérieur au diamètre apparent de la lune. Il est de 1° 1|2 environ, et le diamètre apparent de la lune n'est que de 32'. Donc l'éclipse totale est possible

Mais il ne faudrait pas croire qu'il y a éclipse de lune à toutes les oppositions; et, en effet, l'orbite lunaire fait avec le plan de l'écliptique MN un certain angle de 5° 9' environ; par conséquent il arrive ordinairement qu'au moment de l'opposition, lorsque les trois astres S,T,L sont dans un même plan, la lune est au-dessus ou au-dessous de l'écliptique, et l'angle LTS' peut aller même jusqu'à 5° 9'. Cet angle peut être assez grand pour que, au mo-

ment de l'opposition, la lune soit en L (1) tangente
extérieurement au cône d'ombre, et même ait une
position plus élevée. Pour que l'éclipse ait lieu, il
faut que la lune entre dans le cône, et le calcul
apprend que l'angle LTI est compris entre 52′ et
64′. Donc l'éclipse sera sûre quand, à l'instant de
l'opposition, l'angle que feront les droites TL et TI
sera plus petit que 52′, et elle sera impossible quand
il sera plus grand que 64′.

   (Fig. 47.)

   (Fig. 47.)

Si la lune entre complétement dans le cône
d'ombre, il y a éclipse totale (2); si elle ne fait que
l'effleurer plus ou moins, l'éclipse est seulement
partielle.

Quand l'éclipse est totale, le disque de la lune
n'est pas complétement noir; il est coloré d'une
teinte rougeâtre, parce que l'atmosphère qui en-
toure la terre réfracte les rayons solaires, comme
le ferait une lentille, et les fait converger sur la lune.

Eclipses de soleil — Soient S le soleil, T la
terre, L la lune en conjonction; on calcule facilement la longueur LI du cône d'ombre de la lune,
connaissant les distances respectives de ces trois
astres ainsi que leurs rayons, et on reconnaît qu'elle
a deux limites extrêmes, 59 et 57 rayons terrestres.
Mais la distance de la lune à *la surface* de la terre
varie entre 55 et 62 rayons terrestres. Donc, sous
le rapport de la longueur, le cône d'ombre de la
lune peut, dans certains cas favorables, atteindre la
terre.

   (Fig. 49.)

Le calcul prouve que la portion *m* de notre globe
occupée par l'extrémité du cône d'ombre est très-
petite; aussi, quand l'éclipse est visible pour les

---

(1) Dans la figure 47, on suppose le plan de l'écliptique passant par STI perpendiculaire à la feuille de
dessin.

(2) Les éclipses totales de lune ne durent jamais
plus de deux heures.

habitants du lieu m, ne l'est-elle pas pour les voisins ; mais, en vertu du mouvement de la terre autour de son axe et de celui de la lune dans son orbite (dans le sens des flèches), le point m cessera bientôt de voir l'éclipse (la durée *maxima* d'une éclipse totale est de $3^m 13^s$), et il sera remplacé par le lieu m', qui n'est pas nécessairement sur le même parallèle. Le cône d'ombre balayera donc une certaine étendue de la terre, en traçant sur elle une ligne que les astronomes peuvent déterminer à l'avance. Pour les points voisins de cette ligne, qui se trouvent par conséquent dans la pénombre, il y a éclipse *partielle* de un, deux, trois... doigts, suivant que la lune a caché $\frac{1}{12}$, $\frac{2}{12}$, $\frac{3}{12}$... du diamètre du soleil (1).

Si le cône d'ombre n'atteignait pas la terre, il n'y aurait pas de lieu où le soleil fût complétement éclipsé ; mais un point tel que m_1, placé sur le prolongement de l'axe du cône, ne recevrait pas les rayons solaires émanant de la partie centrale np ; il verrait donc le soleil sous l'aspect d'un cercle noir entouré d'un anneau ou couronne lumineuse ; l'éclipse serait *annulaire*.

(Fig. 50.)

Les points m_2 qui se trouveraient dans l'autre partie de la pénombre ne verraient qu'une portion du soleil ; ce dernier paraîtrait plus ou moins échancré ; l'éclipse serait partielle ordinaire.

(Fig 51.)

Pour qu'une éclipse de soleil ait lieu, il faut évidemment que la lune, au moment d'une conjonction, soit entre AB et A'B'. Or il peut arriver que l'angle L'TS soit assez grand pour que la lune soit en L' tangente extérieurement au cône d'ombre, ou même ait une position plus éloignée, soit au-dessus, soit au-dessous de l'écliptique ST, et par consé-

(Fig. 47)

___

(1) On exprime de la même façon l'étendue d'une éclipse de lune.

quent ne puisse cacher le soleil à la terre. Le calcul montre que l'éclipse est sûre, quand l'angle $L''TS$ est plus petit que 84′, et qu'elle est impossible quand cet angle dépasse 93′.

On voit que les éclipses de soleil sont plus fréquentes que celles de lune, puisque le cône SI est plus large entre les deux sphères S et T que depuis la terre jusqu'au sommet I ; mais, en un lieu déterminé, il y a plus d'éclipses de lune, parce qu'elles sont visibles au même moment pour tout un hémisphère de la terre.

(Fig. 47.)

La période chaldéenne, 18 ans 11 jours, contient environ 70 éclipses, 41 de soleil et 29 de lune. Il n'y a qu'une éclipse totale de soleil par siècle. Cette période était sans doute connue de Thalès de Milet (600 ans avant J.-C.), qui avait visité l'Egypte ; car Hérodote raconte que non-seulement ce philosophe avait découvert la cause des éclipses, mais qu'il avait même pu en prédire une.

Les éclipses de soleil et de lune ont de tout temps inspiré aux hommes une terreur profonde. L'histoire des peuples anciens nous montre souvent l'influence de ce phénomène céleste sur de grands événements politiques. C'est ainsi qu'Alexandre, avant la bataille d'Arbèle, eut bien de la peine à rassurer son armée effrayée par une éclipse de lune.

Nicias (413 av. J.-C.) allait quitter la Sicile, lorsqu'une éclipse, en jetant l'effroi parmi ses troupes, lui fit perdre le moment favorable ; de là sa mort et la destruction complète de l'armée athénienne.

Périclès (431 av. J.-C.), partant pour le Péloponèse, eut le bonheur, dans une circonstance analogue, de rendre le courage à sa flotte et au pilote qui le conduisait ; avec son manteau il se couvrit le visage, et dit à cet homme : Crois-tu que ce que je fais soit un signe de malheur ? — Non. — Eh bien, c'est une éclipse pour toi, et elle ne diffère de celle que tu as vue qu'en ce que la lune étant plus grande que mon manteau, elle a pu cacher le soleil à un plus grand nombre de personnes.

On sait que Sulpicius Gallus, lieutenant de Paul-Emile, dans la guerre contre Persée, parvint à apaiser une sédition dans son armée en prédisant une éclipse de lune.

On raconte aussi que Christophe Colomb, à la Jamaïque, pour obliger les sauvages à lui apporter des vivres, les menaça de les priver de la lumière de la lune.

Maintenant le phénomène des éclipses n'a plus rien d'extraordinaire ; on n'a pas recours, pour l'expliquer, à l'intervention d'un énorme dragon qui dévorerait infailliblement le soleil ou la lune, si on ne l'effrayait par un étourdissant charivari, comme le font encore les Indiens et les Arabes. Eh bien, ceux qui connaissent parfaitement sa cause, qui comprennent la nécessité de ses retours, et qui n'en tirent, au contraire, qu'une preuve de plus de la stabilité du système solaire, de l'harmonie sublime à laquelle sont soumis les corps qui le composent, ceux-là même, dis-je, ne peuvent vaincre un certain sentiment d'effroi.

Dans une éclipse totale de soleil, les ténèbres succèdent peu à peu à la lumière, les oiseaux cessent leurs ramages et disparaissent aussitôt ; le thermomètre baisse, on ressent de la fraîcheur, la rosée se dépose sur la terre ; le disque du soleil est bientôt complétement noirci, les ombres de la nuit couvrent la terre, les étoiles brillent au firmament ; mais voilà que quelques rayons de lumière apparaissent subitement, le jour revient peu à peu, la nature semble se réveiller, et la terreur fait place à un sentiment de joie et de reconnaissance envers le Créateur.

XIV.

PLANÈTES.

La terre n'est pas le seul corps qui circule autour Des planètes
du soleil ; d'autres globes, tout aussi imposants par
leurs masses, présentent des mouvements analo-
gues : ce sont les planètes ou astres errants ($\pi\lambda\alpha\nu\eta\tau\eta\varsigma$),
ainsi appelées parce qu'elles sont animées sur la
voûte céleste d'un mouvement propre, tandis que
les étoiles y sont fixes ou plutôt fixées.

Les principales planètes sont : Noms des principales.

Mercure, Vénus, la Terre, Mars, Jupiter, Saturne,
Uranus, le Verrier ou Neptune.

Entre Mars et Jupiter, on a découvert un grand
nombre de petites planètes.

Les distances des planètes au soleil suivent assez Leurs distances
au soleil.
bien une loi très-simple due à Titius (1), et fausse-
ment attribuée à Bode, astronome de Berlin. Considérons la suite des nombres :

0, 3, 6, 12, 24, 48, 96, 192, 384

Ajoutons-leur 4 :

4, 7, 10, 16, 28, 52, 100, 196, 388

Enfin prenons-en le dixième :

0,4 0,7 1 1,6 2,8 5,2 10 19,6 38,8

Ces nombres représentent sensiblement les distances au soleil de Mercure, Vénus, la Terre, Mars, les
petites planètes, Jupiter, Saturne, Uranus, le Verrier (2), celle de la terre étant prise pour unité. Le

(1) Arago.
(2)   Ainsi se forment les orbites
        Que tracent ces globes connus ;
        Ainsi dans des bornes prescrites
        Volent et Mercure et Vénus.
        La Terre suit: Mars, moins rapide.

dernier nombre est cependant très-erroné, car la distance de Neptune n'est que 30 fois celle de la Terre.

Les planètes décrivent des ellipses dont le soleil occupe l'un des foyers, et dont l'excentricité est, en général, très-petite. Les orbites sont à peu près planes et faiblement inclinées les unes sur les autres.

Les aires décrites par les rayons vecteurs sont proportionnelles aux temps (1).

Enfin les carrés des temps des révolutions sont proportionnels aux cubes des grands axes.

Telles sont les lois que Képler (1618) a déduites d'un très-grand nombre d'observations.

Elles conduisirent Newton (1666) à la découverte du grand principe de la gravitation universelle, qui régit tout le monde solaire (2).

La matière attire la matière. Ce résultat a été prouvé par le grand géomètre anglais à l'aide d'une analyse transcendante, et il a été démontré expérimentalement, un siècle plus tard, par Maskeline, en Ecosse, et plus récemment encore par Cavendish.

D'un air sombre s'avance et guide
Les pas tardifs de Jupiter;
Et son père, le vieux Saturne,
Roule à peine son char nocturne
Sur les bords glacés de l'Éther.

MALFILATRE (*Le Soleil fixe au milieu
des planètes*, ode).

(1) *Voir* le principe des aires expliqué dans la théorie du soleil.

(2) Ces astres, asservis à la loi qui les presse,
S'attirent dans leur course et s'évitent sans cesse.
Et, servant l'un à l'autre et de règle et d'appui,
Se prêtent les clartés qu'ils reçoivent de lui.

VOLTAIRE (*Henriade*, chant VII).

Cette attraction est directement proportionnelle à la masse : un corps en attire un autre avec une intensité deux, trois.... fois plus grande, si sa masse devient deux, trois... fois plus considérable.

Elle est inversement proportionnelle au carré de la distance, c'est-à-dire que si un corps exerce sur un autre une certaine attraction, à une distance double, triple..., l'attraction deviendrait quatre, neuf... fois moindre.

Enfin elle est réciproque : si deux corps A et B sont en présence, quelles que soient, du reste, leurs masses respectives, l'attraction de A sur B est la même que celle de B sur A. Ce fait, qui, au premier abord, paraît paradoxal, est simple à expliquer. Si A contient 10 molécules, par exemple, et B 7 de même masse, une molécule de A exercera une certaine attraction sur chacune des molécules de B, et par conséquent sur tout le corps B une attraction représentée par 7; l'attraction totale de A sur B sera 10 fois plus forte ou proportionnelle au produit 7×10 ou 70. On verrait de même que l'attraction de B sur A peut être représentée par le même produit $10 \times 7 = 70$.

Maintenant comment se fait-il, puisque la terre et le soleil, par exemple, exercent l'un sur l'autre la même attraction, que le soleil reste à peu près immobile et que la terre tombe sur lui avec une assez grande vitesse? La réponse est facile : si deux chevaux d'égale force tirent deux voitures de masses différentes, celui qui sera attelé à la plus légère devra prendre une plus grande vitesse. Le soleil étant 359000 fois plus pesant que la terre, cette dernière prendra une vitesse 359000 fois plus grande que lui. Laisse-t-on tomber un objet à la surface de la terre, il se précipite vers son centre avec une vitesse telle, qu'il parcourt près de 5 mètres pendant

la première seconde, près de 15 mètres dans la seconde...., et la terre ne bouge pas ; c'est que la
masse de cette dernière est infiniment grande par
rapport à celle du corps considéré. .

Nous comprendrons tout aussi facilement pourquoi les planètes décrivent autour du soleil des
ellipses plus ou moins allongées. En effet, nous ap-
puyant sur le principe de l'inertie de la matière,
c'est-à-dire l'impossibilité où elle est de se mettre
en mouvement lorsqu'elle est en repos, de s'arrêter
lorsqu'elle se meut, et de modifier en aucune façon
le mouvement qu'elle possède , nous voyons que si
S est le soleil et T la position qu'occupait une planète, la Terre, par exemple, au moment où le Créateur lui a donné une impulsion (1) dans la direction
TM , pendant l'instant suivant, elle a parcouru une
portion excessivement petite de TM, puis, arrivée
en T′, elle a changé très-peu de direction en tom-
bant sur le soleil ; en T″ elle a pris une nouvelle
direction T″M″..., ainsi de suite. Elle a donc ainsi
décrit, et elle continue à décrire une ligne brisée
TT′T.″.., dont les éléments sont infiniment petits,
et qui, par conséquent, est une courbe. On démontre
par le calcul qu'elle doit être une ellipse.

(Fig. 52.)

Les planètes sont souvent accompagnées de satellites , qui gravitent autour d'elles d'après les
mêmes lois que celles qui régissent leur mouvement
autour du soleil.

Tous ces corps célestes, excepté les satellites
d'Uranus, exécutent leurs révolutions dans le sens
direct

(1) Lorsque du Créateur la parole féconde,
　　Dans une heure fatale, eut enfanté le monde
　　　　Des germes du chaos,
　　De son œuvre imparfaite il détourna sa face,
　　Et, d'un pied dédaigneux le lançant dans l'espace,
　　　　Rentra dans son repos.　　DE LAMARTINE.

XV.

Les deux planètes les plus voisines du soleil sont dites inférieures : les autres, Mars..., sont appelées supérieures ; il serait mieux de nommer les premières intérieures, parce que leurs orbites sont à l'intérieur de celle de la Terre, et les autres extérieures, parce que leurs orbites enveloppent la nôtre.

Le mouvement apparent des planètes sur la sphère céleste nous paraît très-compliqué, parce que nous n'occupons pas le centre de leurs orbites. C'est ce qui a fait dire à Alphonse, roi de Castille, astronome distingué de la fin du xiii⁰ siècle, que « s'il avait été du conseil de Dieu dans le temps de la création, il lui aurait donné de bons avis sur le mouvement des astres. » Aujourd'hui le promoteur des tables alphonsines tiendrait un autre langage.

Considérons d'abord une planète inférieure. Si nous supposons la terre sensiblement immobile en T pendant la révolution de cette planète, Mercure, par exemple, sur son orbite MM′M″..., et que nous menions les rayons TM, TM′, TM″... nous observerons que la projection de Mercure sur la sphère céleste parcourra l'arc AB dans le sens direct, puis reviendra de B en A, et ainsi de suite. L'angle STM s'appelle la digression de la planète ; comme, pendant le temps de la révolution de ce corps, la terre a parcouru un certain arc TT′ de son orbite, la digression est un peu plus grande que celle que nous venons de trouver ; mais le phénomène de va et vient de la planète a, bien entendu, toujours lieu.

La figure montre que ces planètes inférieures présentent des phases analogues à celles de la lune : en M″, lorsqu'il y a conjonction intérieure, c'est la partie non éclairée du disque qui fait face à la terre ;

Planètes inférieures.

Digressions et phases.

(Fig 53.)

puis on aperçoit un croissant qui va en s'élargissant jusqu'à ce que la planète, en M, soit demi-pleine ; ensuite elle devient gibbeuse (ou plus qu'à moitié pleine) ; en M″, son disque est entièrement brillant, et, à partir de ce moment, elle repasse par les mêmes phases en sens inverse, jusqu'à son retour en M^{vi}.

(Fig. 54.) Soit maintenant une planète supérieure ; elle a une moins grande vitesse que la terre ; aussi nous supposerons d'abord qu'elle est immobile pendant le temps de la révolution de notre globe autour du soleil. On voit que, la terre occupant successivement les positions T, T′, T″, Jupiter paraîtra sur la voûte céleste en j, j', j''..., c'est-à-dire qu'il marchera d'abord en sens rétrograde de j en j'', puis dans le sens direct de j'' en j^{iv}, puis en sens rétrograde... Mais J décrit, pendant un an à peu près $\frac{1}{12}$ de son orbite ; aussi les arcs parcourus dans le sens direct seront plus grands que ceux que nous venons de trouver. De plus, le plan de l'orbite de Jupiter fait un petit angle avec l'écliptique ; par suite, la courbe tracée sur la voûte céleste sera à zigzags, comme on le voit dans la figure 54 *bis*.

Mercure.—C'est une petite planète difficile à voir à l'œil nu ; sa digression est si faible, qu'elle se trouve presque toujours noyée dans les rayons solaires. Son disque présente des taches dont le mouvement prouve que cette planète tourne sur elle-même en 24 h. 5 m. La durée de la révolution de Mercure autour du soleil est de 88 jours. Son diamètre est très-petit, le tiers de celui de la terre, de 1,000 lieues à peu près. Enfin sa distance au soleil est les $\frac{2}{5}$ de celle qui nous sépare de cet astre.

Vénus est la plus brillante de toutes les planètes. On l'appelle souvent l'étoile du soir ou Vesper (ἕσπερος), ou l'étoile du matin, l'étoile du berger,

Lucifer ($\varphi\omega\sigma\varphi\epsilon\rho\sigma\varsigma$), suivant qu'on l'aperçoit un peu après le coucher du soleil ou pendant l'aurore. Son disque varie considérablement, suivant sa distance à la terre : or, lorsqu'elle est en V, elle est à une distance de nous égale aux trois dixièmes de ST; mais quand elle est en V', elle est à peu près six fois plus éloignée de nous. Le disque de Vénus offre des phases, observées la première fois par Galilée : il présente aussi des taches qui tournent en 24 heures. Cette planète effectue sa révolution autour du soleil en 7 mois et demi ; enfin son diamètre est à peu près le même que celui de la terre, et sa distance au soleil est les sept dixièmes de la nôtre.

Mars. — La planète supérieure Mars est remarquable par sa couleur rougeâtre, que l'on attribue à une épaisse atmosphère. Elle est sept fois plus petite que la terre ; elle tourne sur elle-même en 24 heures et demie, et accomplit sa révolution autour du soleil en 687 jours. Elle présente un aplatissement à ses pôles, estimé par M. Arago à $\frac{1}{30}$. Enfin nous devons ajouter que c'est la moins éloignée des planètes supérieures ; sa distance au soleil vaut une fois et demie la nôtre.

Petites planètes. — Avant le commencement de ce siècle, il y avait entre Mars et Jupiter une immense lacune, un hiatus, comme le disait Képler. La loi de Bode faisait espérer que l'on trouverait une planète à la distance 2,8 ; cette espérance a été plus que réalisée. Le premier jour de l'année 1801, Piazzi découvrit par hasard la petite planète Cérès ; en 1803 et 1804, Olbers et Harding aperçurent Pallas et Junon. Trois ans après, le même Olbers, ayant remarqué que les orbites de ces trois corps se rencontraient sensiblement au même point, émit l'idée qu'ils pouvaient bien n'être que des fragments d'une grosse planète brisée par une effroyable explosion, et il eut le bonheur de corroborer son hypothèse par la découverte d'une nouvelle petite planète Vesta, satisfaisant à cette condition. A partir de 1845, le nombre de ces petits globes s'est tellement accru, qu'on en compte maintenant une soixantaine ; les intersections de leurs orbites sont loin de s'accorder toutes avec l'hypothèse d'Olbers ; toutefois leur entrelacement permet de supposer une liaison intime entre plusieurs de ces corps. La question de l'origine des petites planètes n'est donc pas encore vidée, et c'est un curieux sujet de nouvelles investigations astronomiques.

Jupiter et ses satellites.

Jupiter. — C'est une très-brillante planète ; quoique cinq fois plus éloignée du soleil que la terre, elle nous paraît aussi éclatante et aussi grosse que Vénus. Cette circonstance est due à son énorme volume, qu'on peut estimer à près de quinze cents fois celui de la terre. Jupiter accomplit sa révolution autour du soleil en 12 ans, et tourne sur lui-même en 10 h. 9 m. 50 s. Examiné avec une lunette, il présente à sa surface des bandes très-brillantes vers les pôles, et une zone obscure à l'équateur. Pour expliquer ce fait, Herschel pense que la grande rapidité avec laquelle Jupiter exécute sa rotation doit développer à l'équateur une énorme force centrifuge, qui refoule les nuages et les accumule vers les pôles. Cette planète a quatre satellites, qui présentent des mouvements analogues à celui de notre lune; comme elle, ils peuvent pénétrer dans le cône d'ombre de la planète et s'y éclipser. Ces éclipses ont fourni à Rœmer (1675) un moyen très-ingénieux de trouver la vitesse de la lumière.

Vitesse de la lumière.

L'un des satellites entre, à chaque révolution, dans le cône d'ombre de Jupiter, et le temps qui s'écoule entre deux immersions consécutives, c'est-à-dire la durée de la révolution, est de 42ʰ et quelques minutes. Cela posé, qu'on note le moment précis d'une immersion lorsque la terre est en T, puis celui auquel a lieu le commencement d'une autre éclipse ; lorsque nous occupons la position T', diamétralement opposée, on trouve que l'intervalle de temps observé l'emporte sur autant de fois 42ʰ... qu'il y a eu d'éclipses de 16ᵐ environ. Donc la lumière met 16ᵐ pour traverser l'axe TT' de notre orbite, ou 8ᵐ pour venir du soleil à nous, c'est-à-dire pour parcourir 38,000,000 de lieues. Comme d'ailleurs, par d'autres observations semblables faites pour d'autres positions de la terre sur l'écliptique, on reconnaît que le mouvement de la lumière est uniforme, il en résulte qu'elle parcourt environ 77,000 lieues par seconde.

Saturne. — Cette planète a une couleur pâle et comme plombée, et, à l'aide d'une lunette, on aperçoit sur son disque, comme sur celui de Jupiter, des bandes alternativement sombres et brillantes, parallèles à son équateur. Elle est plus de 700 fois plus grosse que la terre; sa révolution autour du soleil s'accomplit en 29 ans, et sa rotation en 10ʰ 1|2. Cette planète a six satellites ; de plus, il existe autour d'elle une espèce d'anneau opaque, circulaire, large et mince, à peu près dans le prolongement de son équateur, et sans adhérence avec la planète. Cet anneau tourne autour de l'axe de Saturne avec la même vitesse que celle de cette planète ; avec un bon télescope, on reconnaît qu'il est multiple, c'est-à-dire composé de plusieurs anneaux concentriques. En poursuivant l'expérience de M. Plateau, que nous avons précédemment décrite, on reconnaît qu'un mouvement très-rapide de l'axe provoque un dédoublement remarquable. Le sphéroïde diminue de grosseur ; mais il se forme autour de lui un anneau non adhérent, situé à peu près dans le plan de l'équateur, et tournant dans le même sens et avec la même vitesse que le globule central. D'après cela, n'est-on pas autorisé à donner une origine semblable aux anneaux de Saturne, surtout si l'on songe à l'énorme vitesse de rotation de cette planète ? Il y a plus, une vitesse encore plus grande de l'anneau peut déterminer sa rupture et son roulement en une sphère tournant autour du sphéroïde. Ne peut-on pas alors expliquer ainsi la formation des satellites ?

Uranus. — Elle a été découverte, en 1781, par W. Herschel. Cette planète est 82 fois plus grosse que la terre ; elle met 84 ans à effectuer sa révolution autour du soleil. On n'a pu reconnaître si elle tournait sur elle-même ; mais c'est probable. Elle est à une distance du soleil double de celle de Saturne.

Neptune ou *le Verrier.* — Enfin Neptune a été découvert par M. Le Verrier en 1846. Ne pouvant expliquer les perturbations d'Uranus par les actions combinées de Jupiter et Saturne, il calcula la masse et la position qu'il faudrait supposer à une planète pour qu'elle produisît ces résultats. Il a ainsi trouvé au bout de sa plume la planète qui, d'après ses indications, a été observée un mois plus tard par l'astronome Galles, de Berlin. Elle est plus grosse qu'Uranus, et sa distance au soleil est trente fois celle de la terre à cet astre.

Si l'on veut se faire une idée (1) des rapports de grandeurs et de distances qui existent entre les différentes parties du système solaire, on choisira un vaste terrain bien uni et on placera au milieu un globe d'environ 65 centimètres de diamètre ; ce

____

(1) LECOUTURIER. *Panorama des mondes.*

globe représentera le soleil et sera le centre des diverses orbites planétaires.

Qu'on trace alentour une circonférence de 40 m. de diamètre, et qu'on place dessus un grain de millet, on aura l'image comparative de Mercure et de son orbite par rapport au soleil.

Qu'on place un pois sur une circonférence de **70** mètres de diamètre, ce sera l'image de Vénus et de son orbite.

La Terre avec son orbite sera représentée par un pois un peu plus gros placé sur une circonférence de 100 mètres de diamètre.

Mars sera une forte tête d'épingle, et son orbite une circonférence d'un diamètre de 160 mètres.

Le groupe des planètes télescopiques sera représenté par **60** petits grains de sable placés sur autant d'orbites formées de circonférences entrelacées et d'un diamètre de **270** à **290** mètres.

Jupiter sera une belle orange, et son orbite une circonférence de **520** mètres de diamètre.

Une bille de billard représentera Saturne, et une circonférence de **1,000** mètres de diamètre son orbite.

Uranus aura pour image une grosse cerise, et son orbite une circonférence de **1,960** mètres de diamètre.

Enfin Neptune sera représenté par une prune, et son orbite par une circonférence de **3,000** mètres de diamètre environ.

COMÈTES.

Nous devons compléter l'étude des corps de notre système planétaire par quelques mots sur les comètes, les aérolithes et les étoiles filantes.

Notions sur les comètes.

Comme les planètes, les comètes sont douées d'un mouvement propre sur la sphère céleste, mais elles s'en distinguent par leur aspect. Elles se présentent à la vue simple sous la forme de nébulosités dont le centre, le noyau, est ordinairement assez brillant. Les nébulosités portent le nom de chevelures; de là celui de comètes (κομήτης) donné à ces astres singuliers.

En examinant les comètes au télescope, on a souvent aperçu des étoiles à travers leur noyau; le 9 novembre 1795, W. Herschel distingua parfaitement au centre de la nébulosité de la comète de Encke une étoile tellement petite qu'elle devait être de 20e grandeur. On est donc autorisé à admettre, et c'est l'opinion d'Arago, que le noyau des comètes n'est pas solide, et que la nébulosité y est seulement plus condensée qu'à la partie extérieure.

Les comètes sont souvent accompagnées de longues traînées lumineuses de formes très-variables; les *queues* des comètes sont quelquefois rectilignes; mais il y en a de courbées en croissants; d'autres enfin s'étalent en éventail. On cite un grand nombre de comètes qui n'avaient pas de queue. Il est à remarquer que la queue d'une comète est ordinairement opposée au soleil, mais pas précisément suivant la droite qui joint ces deux astres.

Les comètes n'ont pas une lumière propre; comme les planètes, elles nous renvoient une partie de celle qu'elles reçoivent du soleil. Arago a résolu cette question d'une façon péremptoire en prouvant que les rayons lumineux de ces astres jouissent des propriétés optiques qui caractérisent la lumière réfléchie spéculairement, et que les physiciens désignent sous le nom de polarisation. Pour donner à sa démonstration toute la rigueur possible, il avait eu soin d'établir au préalable que la lumière réfléchie par les molécules d'une substance gazeuze, la lumière crépusculaire, par exemple, était analogue à celle qui a frappé un miroir.

Ces corps décrivent autour du soleil qui en occupe le foyer commun, des ellipses tellement excentriques qu'elles dégénèrent presque en paraboles. Aussi ne sont-ils visibles que lorsqu'ils sont suffisamment rapprochés du soleil, et par suite de nous. Prenez ou supposez une table elliptique très-longue, située dans un lieu privé de lumière ; placez un flambeau sur l'un des foyers de cette ellipse ; tenez-vous auprès du flambeau et figurez-vous un petit insecte qui ferait le tour de la table en marchant le long de son bord ; vous ne verriez cet insecte qu'au moment où il passerait tout près du flambeau, lequel, dans cette circonstance, représenterait le soleil, et l'insecte la comète. (Fig 57.)

Du reste, on peut appliquer au mouvement des comètes les lois de Képler, et on est même parvenu à assigner le retour de quelques-unes d'entre elles.

Parmi ces comètes périodiques nous devons citer celle de Halley, dont cet astronome étudia le mouvement en 1682 ; il reconnut, ce qui fut à peu près vérifié, qu'elle avait dû paraître en 1607, 1531, 1456 (1) ; la durée de sa révolution était donc de 75

Comètes périodiques. Les plus célèbres.

(1) « L'empereur Charles-Quint vit dans la comète de 1456 un signe céleste qui venait l'avertir de se préparer à la mort. Une pareille observation peut

à 76 ans, et elle a en effet reparu en 1759 et en 1835.

On doit citer aussi la comète de Encke, de Berlin, de 1819 : elle ne met que trois ans et demi à décrire son orbite ; aussi l'a-t-on nommée comète à courte période ou de 1,200 jours ; puis la comète aperçue par Biela le 27 février 1826 et étudiée par Gambart : sa révolution s'accomplit en 6 ans $\frac{3}{4}$; à son apparition, en 1846, elle s'était dédoublée ; on a vu deux comètes semblables très-voisines l'une de l'autre et décrivant sensiblement l'orbite assignée à la comète primitive ; ce dédoublement a persisté à son apparition en 1852.

M. Faye a aussi observé en 1843 une comète dont il a calculé les éléments, et qui parcourt son orbite en sept ans trois mois environ.

Les comètes décrivent leurs orbites tantôt dans le sens direct, tantôt dans le sens rétrograde, et les plans de ces courbes sont inclinés de quantités très-variables sur l'écliptique. Comme d'ailleurs leur nombre est considérable (Képler disait qu'il y avait plus de comètes au ciel que de poissons dans l'Océan), on comprend que de tout temps elles aient été pour les hommes un objet de terreur (1), en leur

trouver son excuse dans l'imperfection où étaient les connaissances astronomiques au milieu du xv⁰ siècle, dans les préjugés dont les hommes étaient alors imbus, dans le peu d'attention que, durant sa vie agitée, le souverain de tant de royaumes put accorder à des questions de science. » — ARAGO.

(1) Les comètes échevelées,
 Qui fendent l'air d'un vol brûlant,
 Egarent leurs sphères ailées
 Aux yeux du vulgaire tremblant.
 Il craint que leur fatale route
 N'embrase la céleste voûte
 Et ne *détruise l'univers.*
 Mais à l'œil pensant d'Uranie,

faisant craindre une rencontre avec la terre, et par suite un effroyable bouleversement de notre globe, un cataclysme épouvantable. Mais ces craintes n'ont plus de raisons d'être, maintenant qu'il est reconnu que les comètes n'ont probablement pas de noyau, que leur substance est excessivement subtile, et que leur masse est tellement faible, que les plus grosses n'ont pas produit de perturbations dans le mouvement des planètes auprès desquelles elles ont passé. Une comète ne pourrait donc, dans le cas extraordinaire où, dans sa course vagabonde, elle viendrait à rencontrer la terre, lui faire subir une secousse sensible.

On serait bien mieux fondé à admettre que la terre a pu quelquefois pénétrer dans des queues de comètes, puisqu'on en a vu d'immenses qui avaient plus de quarante millions de lieues de longueur. Notre atmosphère ne pourrait-elle alors se vicier en se combinant avec les vapeurs cométaires, et ne serait-ce pas à de pareils mélanges qu'on devrait attribuer les terribles épidémies qui ont souvent décimé le monde? M. Forstèr, médecin anglais, a fait un tableau très-long où il a mis en regard de chaque comète les malheurs qu'il lui imputait ; mais Arago fait remarquer avec beaucoup d'esprit combien tant d'érudition a été dépensée en pure perte. Pourquoi, par exemple, la comète de 1665, qui produisit à Londres une effroyable peste, n'eut-elle aucune influence à Paris et même dans certaines villes d'Angleterre? La conclusion du célèbre astronome est que jusqu'à ce jour rien ne nous autorise à douer les comètes d'une telle action délétère.

Nous n'essayerons pas de chercher à expliquer

> Leur désordre est une harmonie
> Qui repeuple les cieux déserts.
> LEBRUN (*Ode* sur l'enthousiasme).

la nature physique des comètes ; Aristote les prenait pour des exhalaisons qui s'enflammaient dans les plus hautes régions de l'air ; pour nous, ce sont des corps présentant avec les planètes de grandes analogies, comme aussi de grandes dissemblances.

Quant à leur rôle dans le monde, nous l'ignorons absolument. Quelques physiciens, n'imitant pas notre réserve, et partant de ce principe que rien ne doit être inutile, ont assimilé les comètes à des médecins ambulants chargés de la conservation des globes de l'univers (1). Ces subtils docteurs seraient de deux espèces, les uns aqueux, les autres ignés ; les premiers veilleraient seulement sur la santé des planètes, les seconds sur celle des soleils. Une planète viendrait-elle à se dessécher, la faculté s'empresserait de lui envoyer une comète aqueuse ; un soleil s'éteindrait-il, aussitôt une comète ignée viendrait à son secours. D'ailleurs ces médecins intelligents ne s'approcheraient jamais trop des malades, de peur de les effrayer, et leur enverraient leurs remèdes. Certes, on ne peut imaginer une explication plus ingénieuse de l'utilité de ces corps célestes ; malheureusement, malgré tout ce qu'elle a de séduisant, dans l'état actuel de la science, nous ne pouvons y ajouter foi.

Enfin que devons-nous dire de l'influence des comètes sur les récoltes, et surtout sur les vendanges ? Nous ne pouvons que déclarer hautement notre incrédulité.

(1) Comètes, que l'on craint à l'égal du tonnerre,
Cessez d'épouvanter les peuples de la terre ;
Dans une ellipse immense achevez votre cours ;
Remontez, descendez près de l'astre du jour ;
Lancez vos feux, volez, et, revenant sans cesse,
Des mondes épuisés *ranimez la vieillesse.*
VOLTAIRE (*Épître* à Mme la marquise du
Châtelet sur la philosophie de Newton).

Les aérolithes sont des pierres qui tombent des régions supérieures de l'atmosphère sur la terre. On a depuis longtemps constaté ces chutes, puis on a remarqué que la composition des aérolithes est toujours à peu près la même : ils sont en général formés de silice, de magnésie, de soufre, de manganèse, de fer, de nickel, toutes substances étrangères à l'atmosphère. Il a fallu alors rejeter l'hypothèse que ces pierres se formaient dans l'air. On a ensuite supposé que ces corps étaient lancés par la lune. Laplace a, en effet, trouvé par le calcul que des corps émis par les volcans lunaires, en leur supposant la même force d'explosion qu'à ceux de la terre, pouvaient nous atteindre, s'ils avaient une direction convenable. D'autres astronomes attribuent la production des aérolithes aux éruptions volcaniques terrestres ; mais certains lieux où ils sont tombés sont trop éloignés de volcans pour que cette hypothèse soit admissible. Enfin on considère maintenant généralement ces corps comme des planètes très-petites, qui, rencontrant l'atmosphère terrestre, la traversent très-rapidement, s'échauffent par le frottement au point de devenir lumineuses et d'éclater comme le font presque toutes les pierres soumises à un feu très-ardent.

Les étoiles filantes sont attribuées à la même cause ; seulement, dans ce cas, les petits corps dont nous venons de parler traverseraient l'atmosphère avec une très-grande vitesse, et l'attraction terrestre serait insuffisante pour déterminer leur chute. Le nombre des étoiles filantes est considérable ; mais c'est vers le 10 août qu'il est le plus grand ; aussi on est porté à admettre que c'est à cette époque que la terre traverse les régions de son parcours les plus peuplées de ces petits mondes.

XVII.

MARÉES.

On sait que deux fois par jour la mer s'élève et s'abaisse par rapport à une hauteur moyenne, et, par conséquent, s'avance sur le rivage, refoulant devant elle l'eau des fleuves, pour s'éloigner ensuite. En d'autres termes, chaque jour la mer est deux fois *pleine* et deux fois *basse*; il y a deux fois *flux* et deux fois *reflux*.

Ce phénomène tient à l'attraction que la lune et le soleil exercent sur la terre. Plus des deux tiers de notre globe sont occupés par l'Océan ; nous pouvons donc, pour plus de simplicité, supposer d'abord la sphère terrestre recouverte partout d'une égale couche d'eau. Soit L la lune, T la terre, ABCD son équateur ou, ce qui revient à peu près au même, la courbe d'intersection de notre globe avec l'orbite lunaire. On démontre en mécanique que l'attraction de deux sphères *solides* est la même que si leurs masses étaient réunies en leurs centres. Par conséquent, si A est une molécule d'eau, comme elle est plus voisine de la lune que le centre T de la terre, elle est plus attirée par notre satellite que la partie solide de la terre, que nous devons supposer concentrée en T; elle tend donc à se détacher de la terre, mais elle est maintenue par son poids, qui subit seulement une petite diminution. De même, la molécule C, étant plus éloignée de L que T, est moins attirée par la lune ; la terre tend donc à s'en séparer ; mais la pesanteur maintient la molécule à sa surface, et l'effet est le même que si cette molécule C perdait une faible partie de son poids (1). Quant aux points B et D, ils se trouvent sensiblement à la même distance de la lune que T, et par suite n'éprouvent pas de changement de poids. Il est clair que la lune agit de la même manière sur les molécules intermédiaires, telles que E, mais avec moins d'énergie ; car son action est oblique, et de plus la différence entre les distances LT, LE, est moindre. Il résulte de là que si on pouvait soustraire la terre à l'attraction lunaire, et tout d'un coup rétablir cette action ; à ce moment, la surface terrestre perdrait la forme sphérique qu'elle présentait préalablement et deviendrait ellipsoïdale (a b c d) ; la mer se gonflerait en A et C et se déprimerait en B et D ; car imaginons avec Laplace un tube recourbé sur le fond AD de la mer et se redressant en A et D jusqu'à sa surface ; d'après la théorie des tubes communiquants, la densité du liquide étant moindre en A qu'en B, le niveau sera plus élevé dans la première branche que dans l'autre ; les molécules du tube feront effort pour se réunir au-dessous de la lune. La même chose aurait lieu si la seconde branche du siphon débouchait en E, par exemple ; seulement les molécules E, par l'effet de l'attraction lunaire, perdent aussi de leur poids, comme les molécules A, mais un peu moins que ces dernières ; aussi la dépression en E et l'élévation en A seraient plus faibles que si le tube s'étendait jusqu'en D.

Dans l'explication précédente, nous supposions la terre immobile ; comme elle tourne sur elle-même dans le sens de la flèche, on conçoit qu'il doit se former une vague considérable d'une hauteur très-petite (1 à 2 mètres), comparativement à sa base, et

______

(1) On démontre par le calcul que cette perte de poids est sensiblement la même que celle qu'éprouve la molécule A.

dont le sommet marche onduleusement le long du cercle ADCB. Six heures après le passage de A devant la lune, B prendra sa place ; le renflement aura lieu dans le sens BD, et la dépression en A et C ; il y aura pleine mer en B et D, basse mer en A et C.

On peut remarquer tout de suite que les marées doivent être à peine sensibles dans les mers de peu d'étendue : la mer Caspienne, la Méditerranée, puisque, si une mer occupe une petite surface AE, il y a en A, au moment où ce point passe sous la lune, une très-faible élévation, et en E une dépression correspondante, car il existe peu de différence entre les diminutions de poids qu'éprouvent les molécules liquides extrêmes A et E.

Comme la lune a un mouvement de même sens que la terre, qui lui fait parcourir par jour à peu près un vingt-septième de son orbite, on voit que quand le point A se retrouvera sur la ligne TL, il aura fait plus d'un tour ; il se sera écoulé plus de 24 heures (24 h. 49 m.) ; aussi le temps qui sépare une pleine mer de la basse mer suivante est de 6 h. 12 m. 37 s. environ.

Les résultats que nous venons de trouver supposaient la terre entièrement couverte d'eau ; les hautes mers pour A et C correspondaient sensiblement aux passages de la lune aux méridiens de l'un de ces deux points ; mais que cette vague immense, qui s'élève et s'abaisse tour à tour sur place, vienne à rencontrer un continent, si elle est haute au moment où elle côtoie le rivage, elle fera nécessairement invasion sur la plage, ou ira se briser contre les rochers escarpés ; six heures après, elle se retirera et se perdra de nouveau dans les profondeurs de l'Océan.

On comprend aussi que les obstacles parsemés sur sa route pourront ralentir beaucoup sa marche, et l'on ne s'étonnera pas en apprenant, par exemple, que, sur les côtes de France, les plus hautes mers qui devraient. nous allons le voir, se produire aux syzygies, n'arrivent que 36 heures après.

Les configurations des côtes, la profondeur de l'eau influent du reste beaucoup sur les moments des hautes ou basses mers des différents ports : le retard qu'éprouvent les marées pour arriver à chaque port s'appelle l'*établissement de ce port*. Ces heures diffèrent souvent notablement pour des ports très-voisins et placés sur le même méridien.

L'influence du soleil sur le phénomène des marées est analogue à celle de la lune, mais beaucoup moins sensible. Si, d'un côté, la masse de cet astre est bien plus considérable que celle de la lune, d'un autre sa distance à nous est 400 fois plus grande que celle de notre satellite ; comme l'attraction est proportionnelle à la masse, et en raison inverse du carré de la distance, il ne s'établit pas une compensation ; l'attraction solaire est les 0,45 de celle de la lune.

On doit remarquer que les actions de ces deux astres s'ajoutent aux syzygies, qu'il y ait conjonction ou opposition, et qu'elles se détruisent en partie aux quadratures, puisque, si la lune produit, par exemple, une haute mer en A et C, le soleil au même instant y détermine une basse mer. Aux autres époques, les actions de ces deux corps se combinent. Les marées sont donc maxima aux syzygies, surtout lorsqu'elles arrivent au moment des équinoxes.

Dans ce qui précède, nous avons supposé le lieu de la terre sur l'équateur, ou au moins dans la zone torride. Dans nos climats, la lune et le soleil ne passent jamais au zénith ; les marées sont donc un peu plus faibles. Aux pôles, ces astres sont à l'horizon ou très-près de l'horizon ; il n'y a plus, à proprement parler, de marées.

Le phénomène grandiose des marées a toujours vivement impressionné les hommes et excité leur curiosité. Les philosophes de l'antiquité l'attribuaient aux aspirations et expirations de l'animal du monde; car, dans ces siècles d'ignorance et de poésie, notre globe n'était pas une masse inerte, mais un être vivant, qu'un feu divin animait, ainsi que l'âme anime le corps humain.

Platon (400 ans av. J.-C.) l'expliquait en imaginant une immense caverne où les flots allaient s'entasser et d'où la respiration du monde les faisait jaillir. Pline en trouva la cause dans le soleil et la lune : « Quand la lune monte sur l'horizon, la mer, comme entraînée par la même impulsion, croît en hauteur. Commence-t-elle à descendre vers l'occident ? l'orgueil des flots baisse avec elle; puis ils reprennent leur essor quand elle atteint la partie du ciel opposée à notre zénith. » Képler fut le premier qui chercha à expliquer les marées par l'attraction universelle; mais c'est Newton (1), et après lui Maclaurin, Daniel Bernouilli et Euler qui résolurent le problème. Enfin Laplace le soumit à l'analyse la plus minutieuse, et les résultats de ses calculs transcendants s'accordent tellement bien avec ceux de l'observation, que l'on peut maintenant considérer cette belle théorie comme une éclatante confirmation du principe de la gravitation universelle.

(1) La mer entend sa voix. Je vois l'humide empire
S'élever, s'avancer vers le ciel qui l'attire :
Mais un pouvoir central arrête ses efforts;
La mer tombe, s'affaisse et roule vers ses bords.

> VOLTAIRE (*Épitre* à Mme la marquise du Châtelet sur la philosophie de Newton).

Poitiers. — Typ. de A. Dupré.

fig (1)
fig (2)
fig (3)
fig (4)
fig (5)

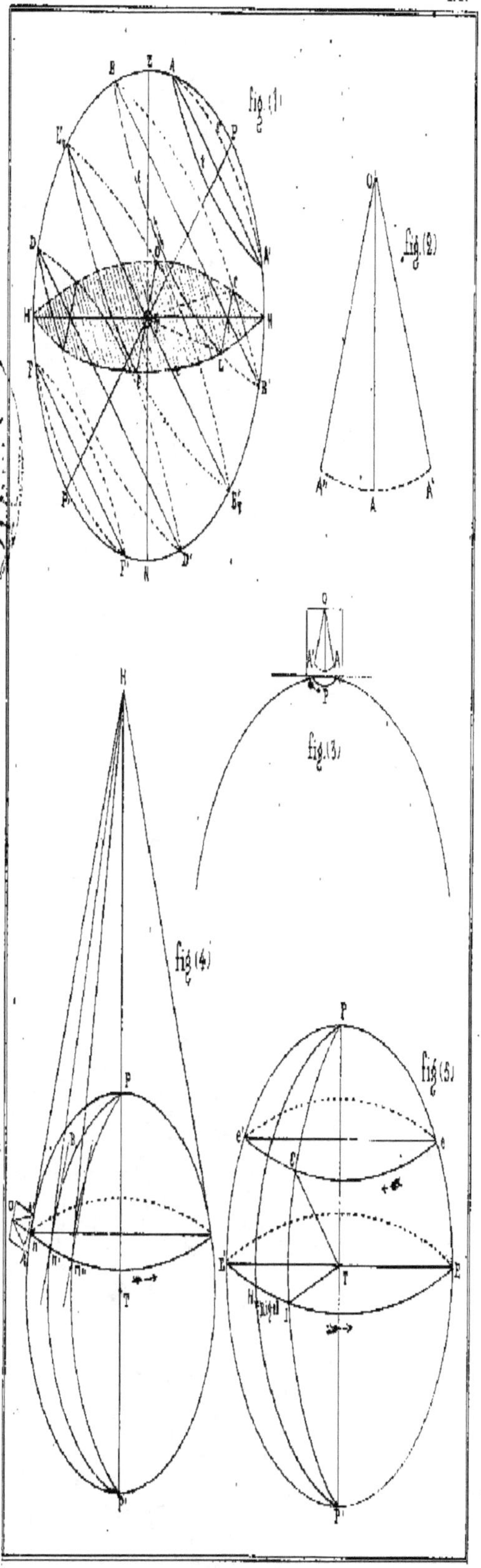

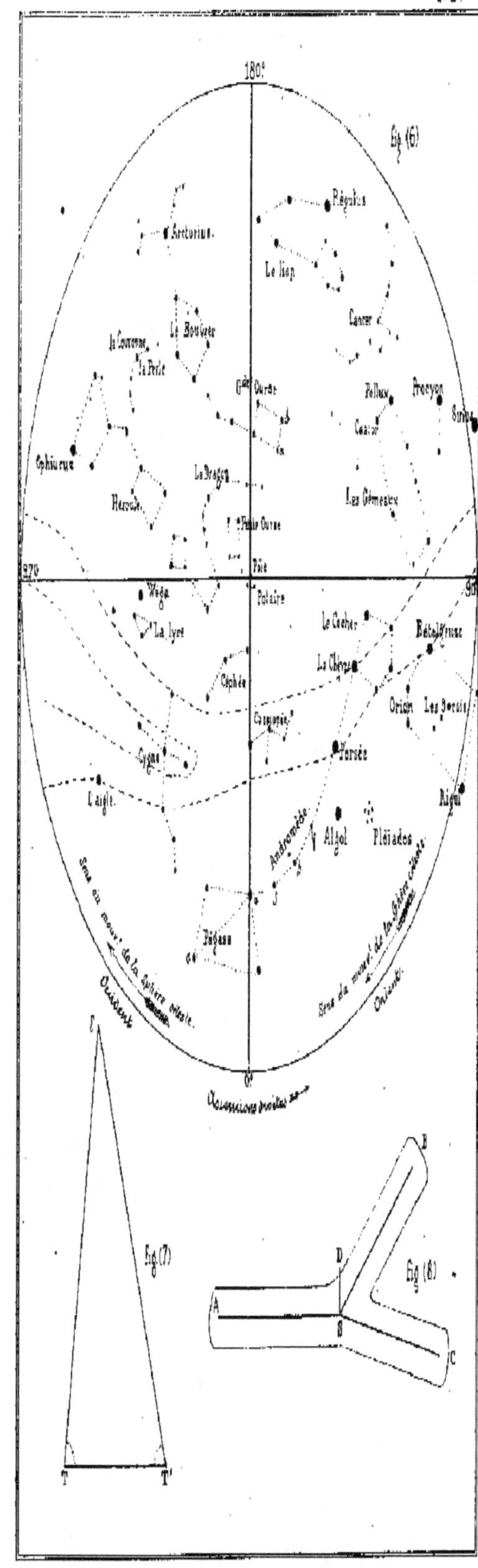
fig. (6)
180°
Régulus
Arcturius
Le lion
Cancer
la Couronne
Le Bouvier
la Perle
Gde Ourse
Pollux
Procyon
Sirius
Castor
Ophiuchus
Le Dragon
Hercule
Les Gémeaux
*Petite Ourse
Pôle
270°
Wega
Polaire
90°
La lyre
Le Cocher
Bételgeuse
Céphée
La Chèvre
Cassiopée
Orion
Les Gorgis
Cygne
Persée
L'aigle
Rigel
Andromède
Algol
Pléiades
Sens du mouvᵗ de la Sphère céleste
Sens du mouvᵗ de la Sphère céleste
Orient
Occident
Pégase
0°
Ascensions droites
C
Fig. (7)
T
T'
B
D
A
Fig. (8)
B
C

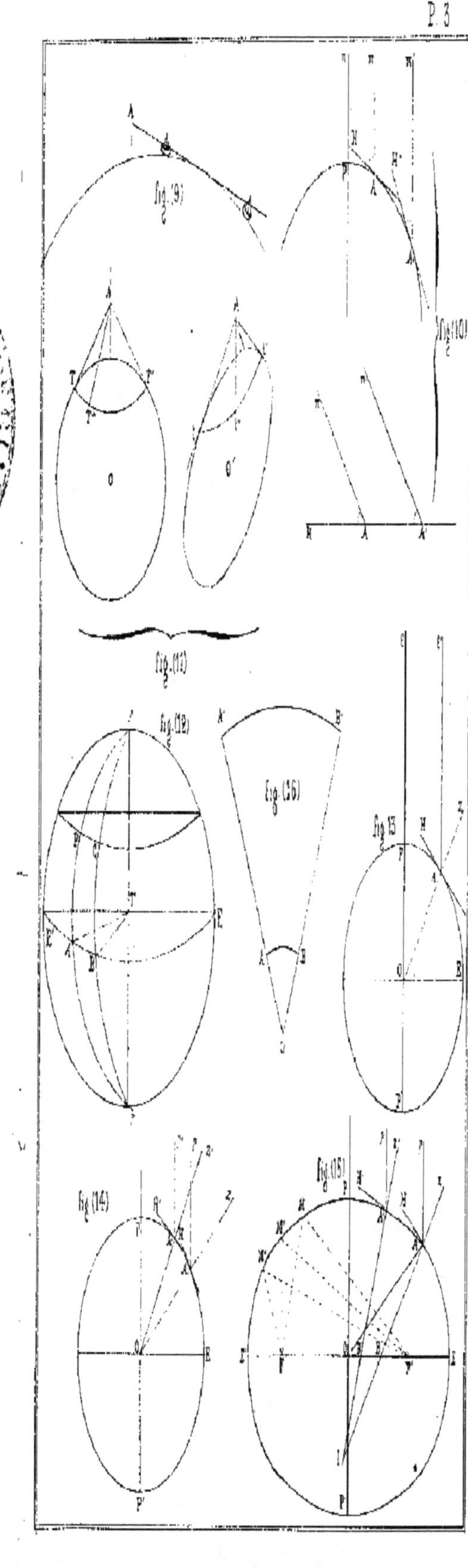
fig. (9)
fig. (10)
fig. (11)
fig. (12)
fig. (16)
fig. 13
fig. (14)
fig. (15)

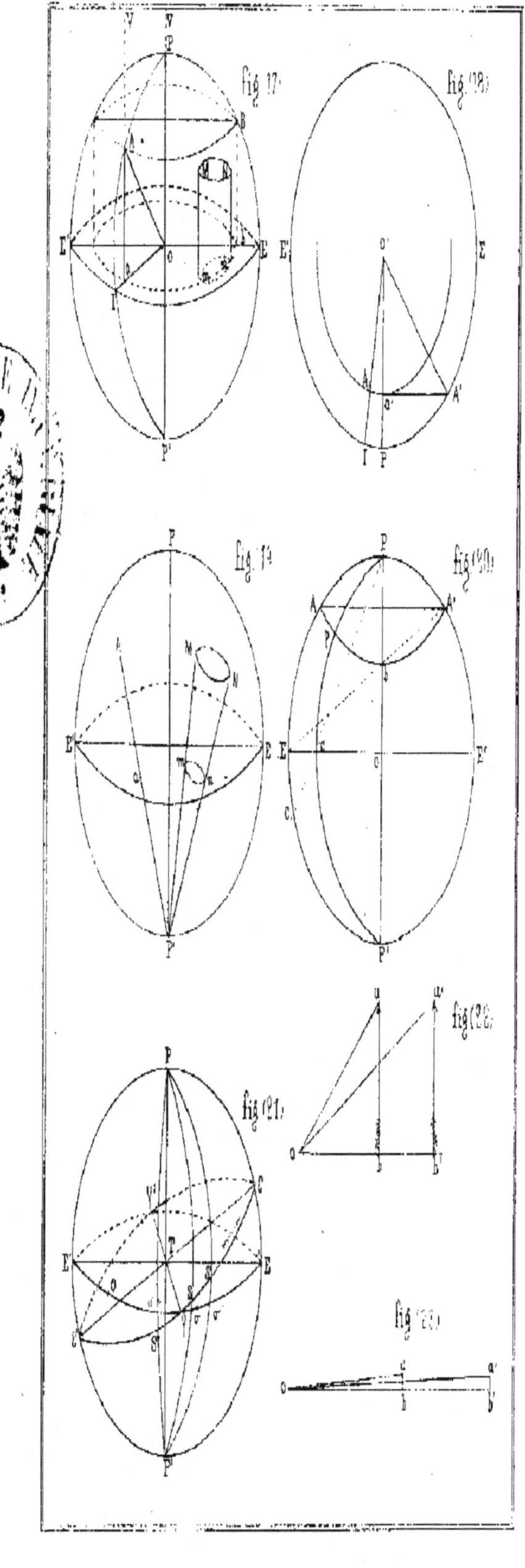

fig 17
fig 18
fig 19
fig 20
fig 21
fig 22
fig 23

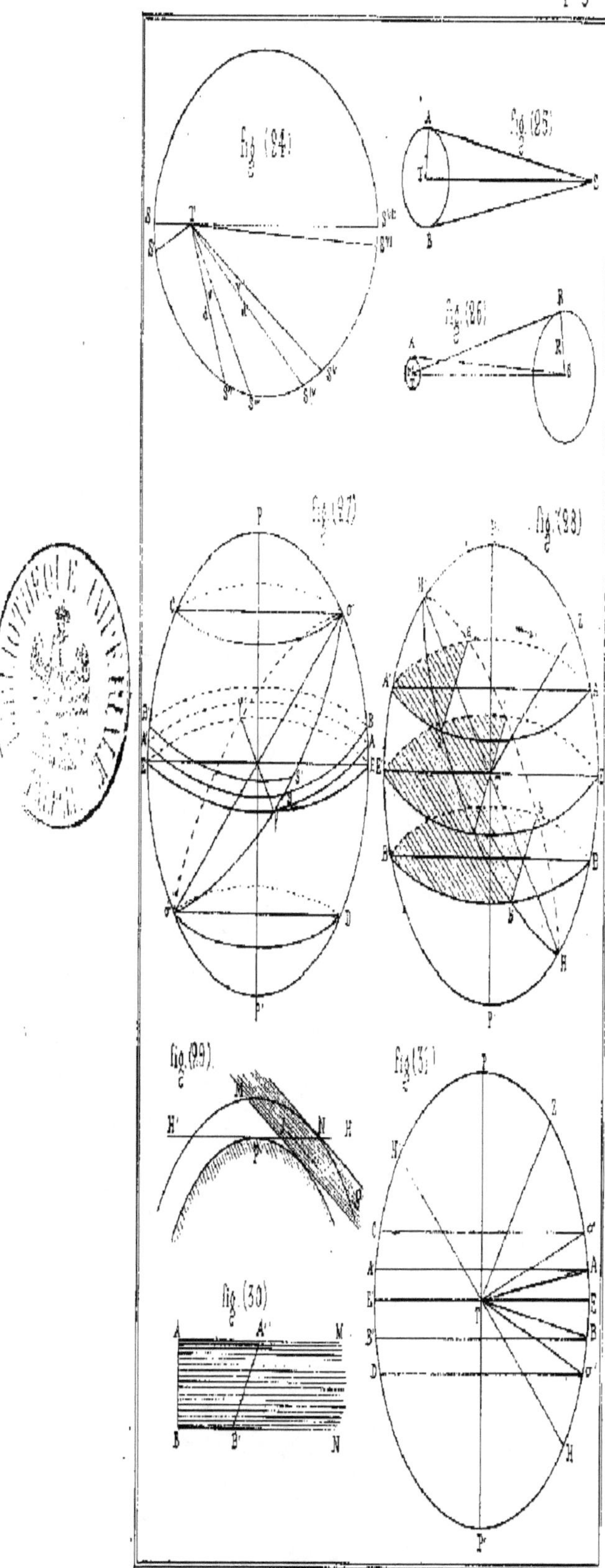

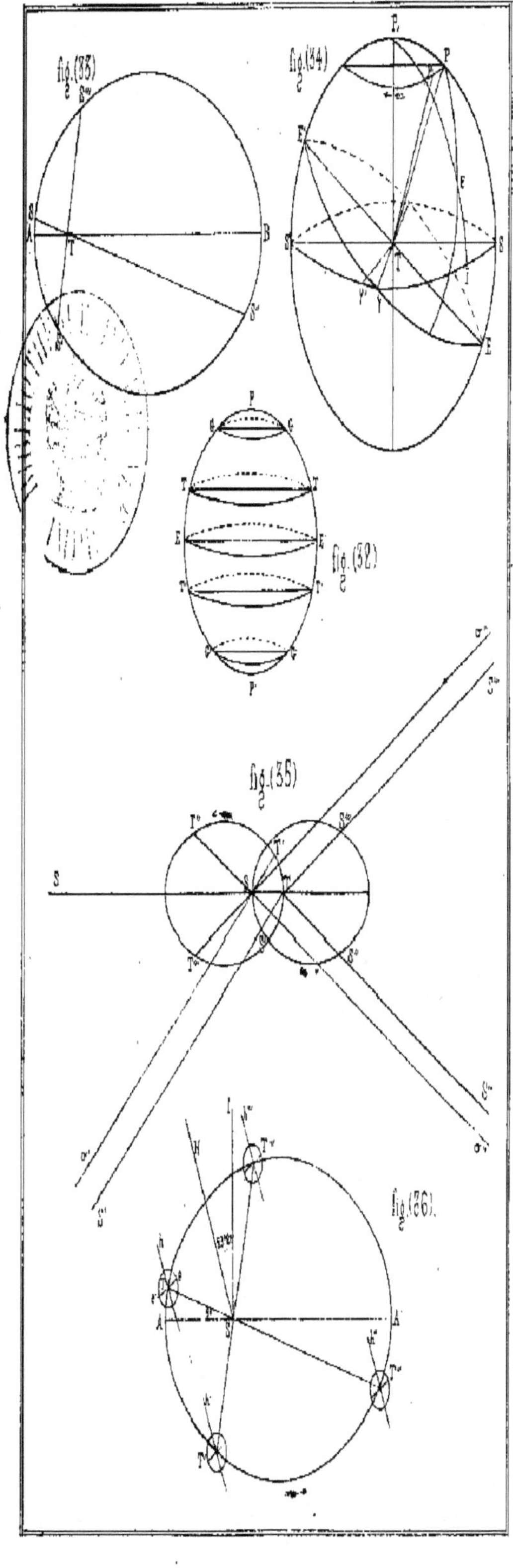

fig.(33)
fig.(34)
fig.(32)
fig.(35)
fig.(36).

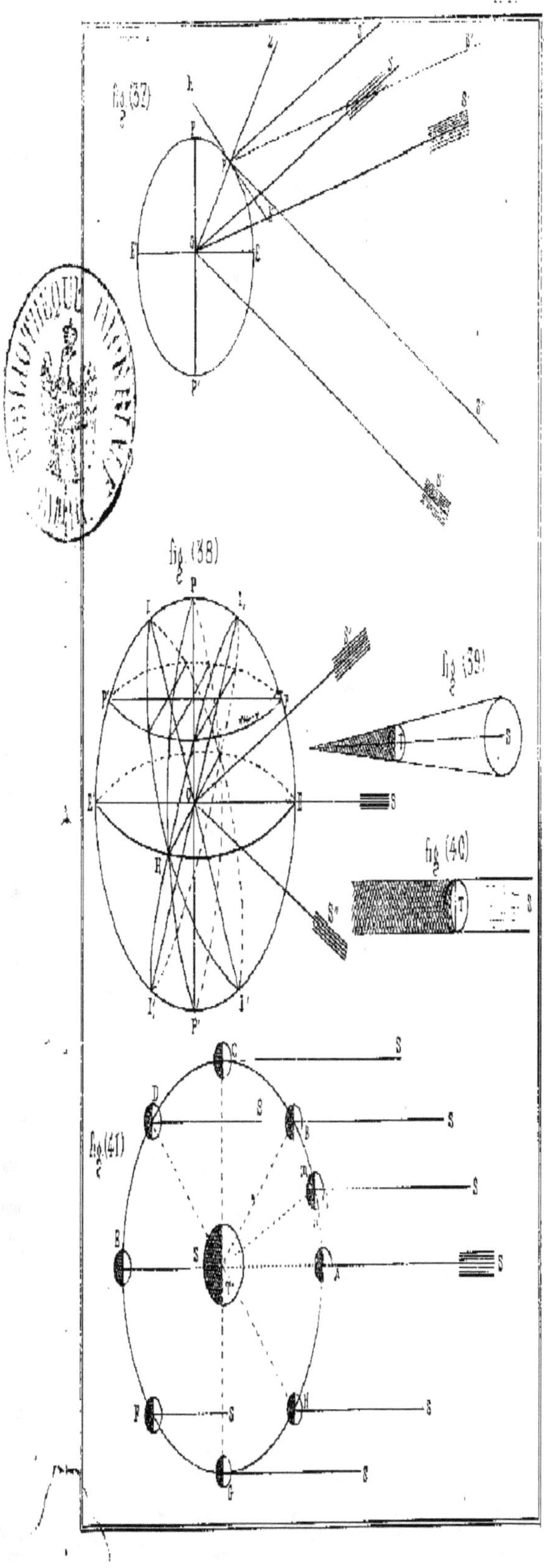

fig. (37)
fig. (38)
fig. (39)
fig. (40)
fig. (41)

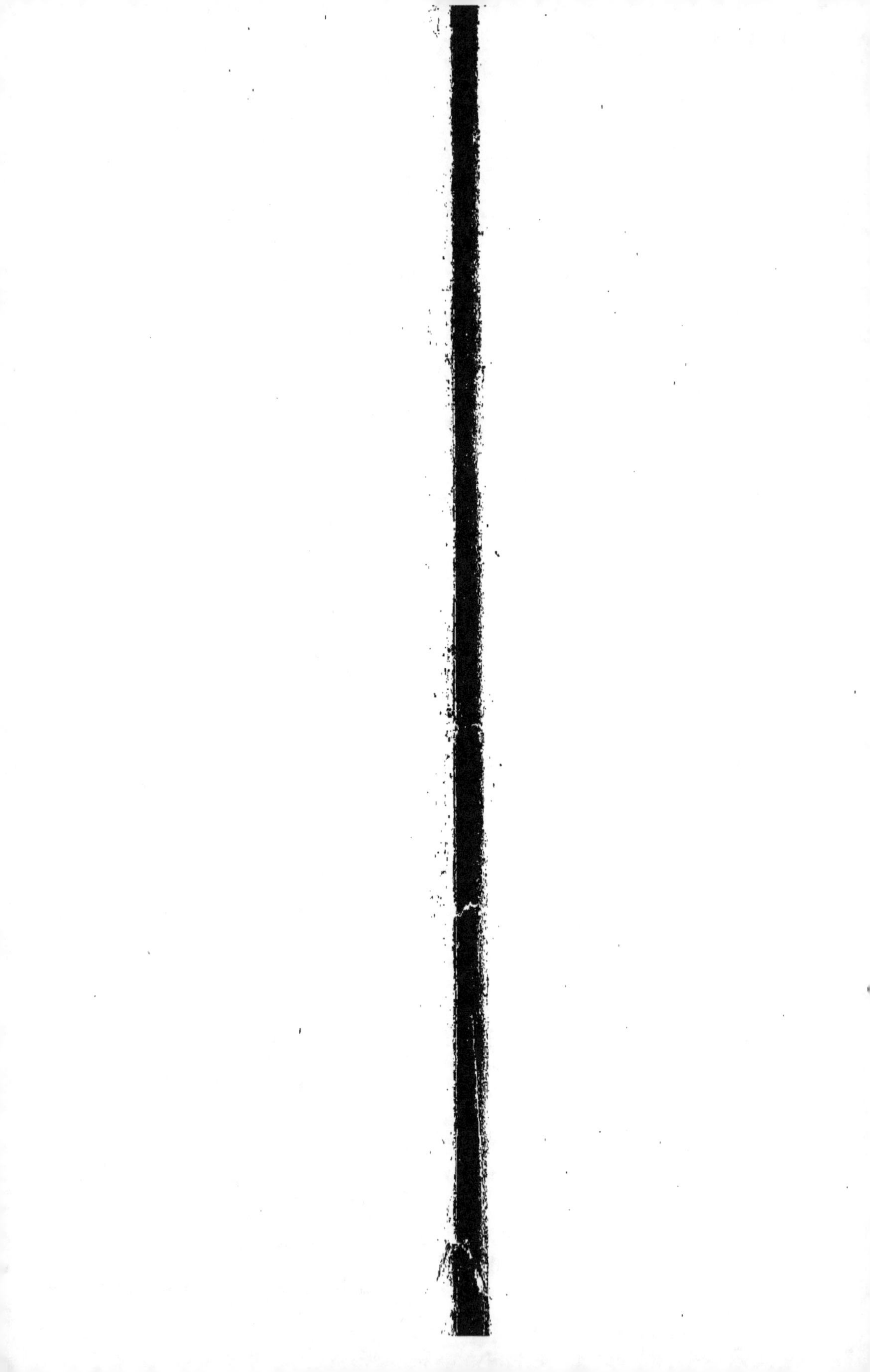

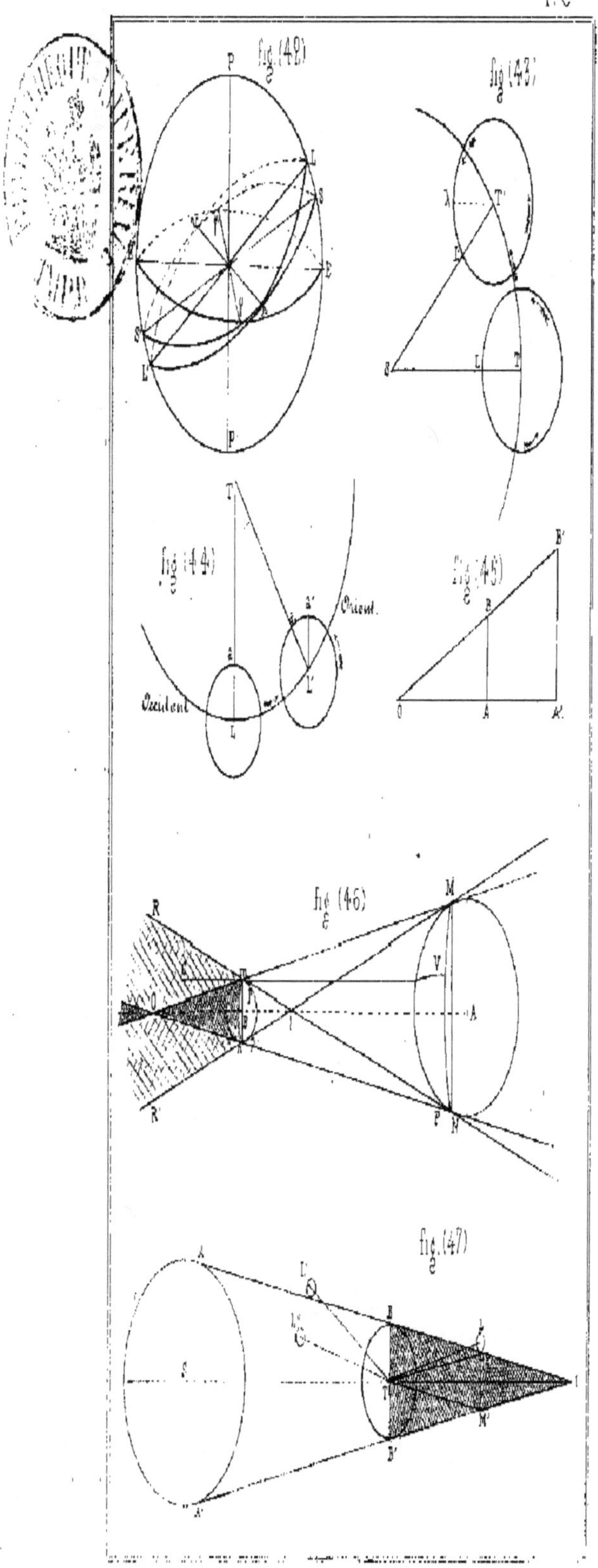

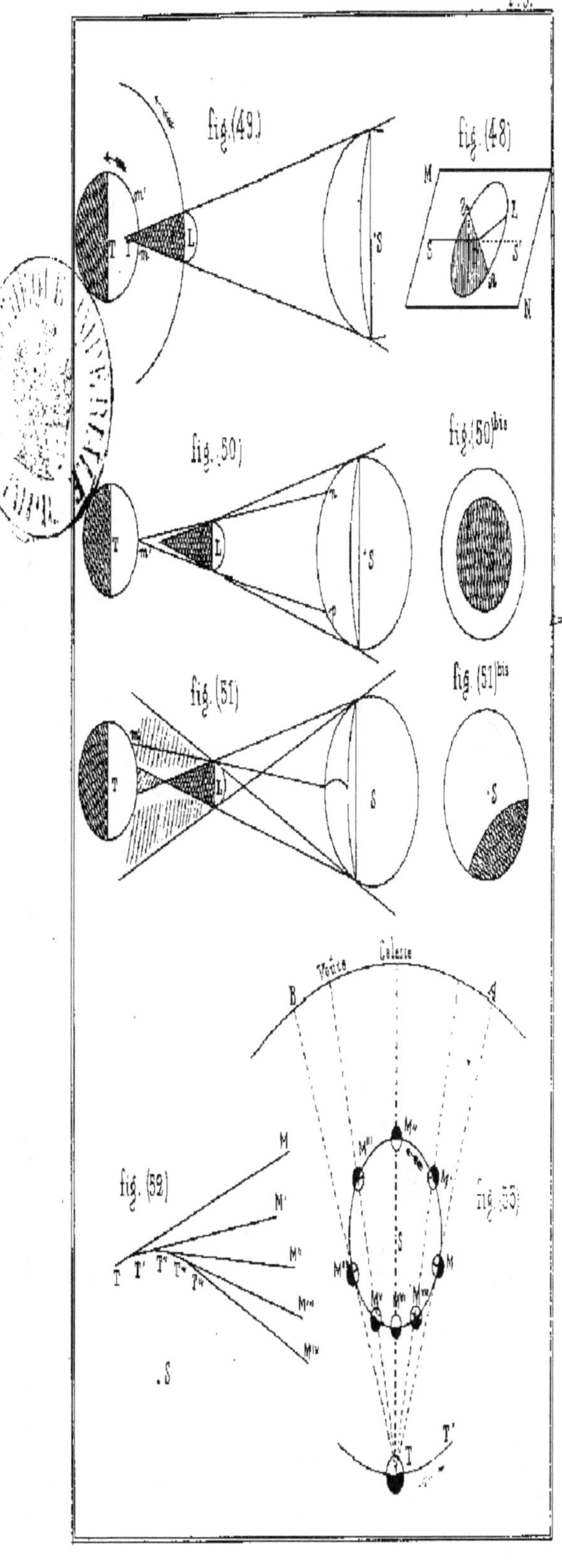
fig.(49)
fig.(48)
M
L
S
S'
N
fig.(50)
fig.(50)bis
T
L
S
fig.(51)
fig.(51)bis
T
L
S
S
Voûte Céleste
B
A
fig.(52)
M
M'
M''
M'''
M'v
T T' T'' T'''
S
fig.(53)

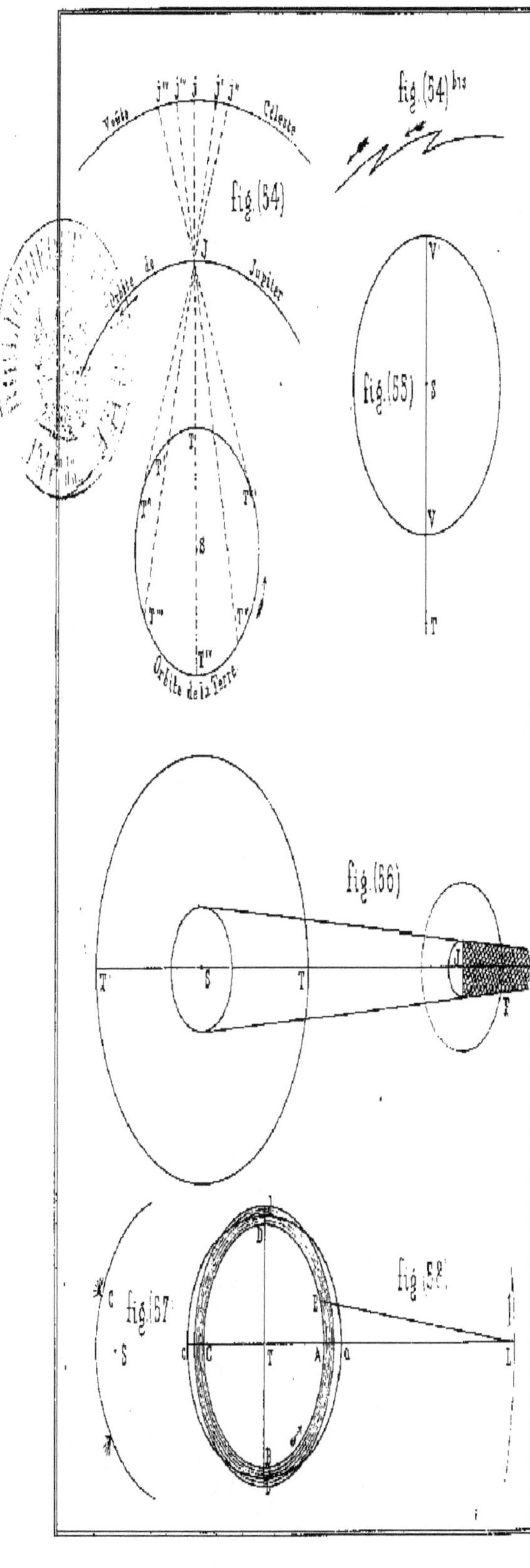
fig. (54)
fig. (54) bis
fig. (55)
fig. (56)
fig. (57)
fig. (58)
Voûte Céleste
Orbite de Jupiter
Orbite de la Terre
J
j'' j''' j j' j''
T' T
T'' T'''
T'' T'
T''' T''
S
V V' v
T
S T' T
S
S
C c A a
B D E L